CB126652

AS PESSOAS MAIS IMPORTANTES DO MUNDO

QUE NUNCA VIVERAM

CÓPIA NÃO AUTORIZADA É CRIME
ABDR
ASSOCIAÇÃO BRASILEIRA DE DIREITOS REPROGRÁFICOS
RESPEITE O DIREITO AUTORAL

Preencha a **ficha de cadastro** no final deste livro
e receba gratuitamente informações
sobre os lançamentos e as promoções da
Editora Campus/Elsevier.

Consulte também nosso catálogo
completo e últimos lançamentos em
www.campus.com.br

Dan Karlan
Jeremy Salter
Allan Lazar

AS PESSOAS MAIS IMPORTANTES DO MUNDO

QUE NUNCA VIVERAM

Tradução
Cristina Yamagami

ELSEVIER

CAMPUS

Do original: *The 101 most influential peple who never lived*
Tradução autorizada do idioma inglês da edição publicada por Haper
Copyright © 2006 by Allan Lazar, Dan Karlan, and Jeremy Salter

© 2007, Elsevier Editora Ltda.

Todos os direitos reservados e protegidos pela Lei 9.610 de 19/02/1998.
Nenhuma parte deste livro, sem autorização prévia por escrito da editora, poderá ser reproduzida ou transmitida sejam quais forem os meios empregados: eletrônicos, mecânicos, fotográficos, gravação ou quaisquer outros.

Copidesque: Cláudia Amorim
Editoração Eletrônica: Estúdio Castellani
Revisão Gráfica: Andréa Campos Bivar e Jussara Bivar

Projeto Gráfico
Elsevier Editora Ltda.
A Qualidade da Informação.
Rua Sete de Setembro, 111 – 16º andar
20050-006 Rio de Janeiro RJ Brasil
Telefone: (21) 3970-9300 FAX: (21) 2507-1991
E-mail: *info@elsevier.com.br*
Escritório São Paulo:
Rua Quintana, 753/8º andar
04569-011 Brooklin São Paulo SP
Tel.: (11) 5105-8555

ISBN 978-85-352-2194-7
Edição original: ISBN 978-0-06-113221-6

Nota: Muito zelo e técnica foram empregados na edição desta obra. No entanto, podem ocorrer erros de digitação, impressão ou dúvida conceitual. Em qualquer das hipóteses, solicitamos a comunicação à nossa Central de Atendimento, para que possamos esclarecer ou encaminhar a questão.

Nem a editora nem o autor assumem qualquer responsabilidade por eventuais danos ou perdas a pessoas ou bens, originados do uso desta publicação.

Central de atendimento
Tel.: 0800-265340
Rua Sete de Setembro, 111, 16º andar – Centro – Rio de Janeiro
e-mail: info@elsevier.com.br
site: www.campus.com.br

Dados Internacionais de Catalogação na Publicação (CIP)
(Câmara Brasileira do Livro, SP, Brasil)

As pessoas mais importantes do mundo que nunca viveram / tradução Cristina Yamagami. – Rio de Janeiro : Elsevier, 2007

Título original: 101 most influential people who never lived.
Vários autores.
ISBN 978-85-352-2194-7

1. Características nacionais americanas 2. Cultura popular – Estados Unidos 3. Estados Unidos – Civilização 4. Lendas 5. Mitologia 6. Personagens fictícios.

07-4221. CDD: 306

Índices para catálogo sistemático:
1. Personagens fictícios : Cultura popular : Sociologia 306

Dedicado aos artistas que entretêm,
informam e inspiram.

E em memória de um terrier de 19 anos.

Agradecimentos

Os autores expressam seus agradecimentos pela generosa e inestimável ajuda que receberam.

Antes de mais nada, os esforços incansáveis de nossa agente Claudia Menza, da Menza-Barron Agency, e de Carolyn Marino, Jennifer Civiletto e Wendy Lee, nossas editoras na HarperCollins.

Não teríamos concluído o projeto sem os conselhos e as críticas generosas do Sunday Night Writers Group, em Englewood, Nova Jersey: Eileen Watkins (que também contribuiu com um dos textos), Susan Moshiashwili, Elisa Chalem, Ed Lataro, Elizabeth Larson, Marcia Sandmeyer Wilson, Ed Rand e Seymour Rappoport. O livro também foi extremamente beneficiado pela orientação de Barry Sheinkopf, do The Writing Center, em Englewood Cliffs, Nova Jersey, e seus colaboradores: Eugenia Koukounas, Dan Balaban, Anna Radelescu e Ana Doina. O Cresskill Writers Group, sob a direção de Henry Hecht, nos proporcionou ajuda consistente e público tolerante. Os autores gostariam de manifestar sua admiração por Joan Braner, que os apresentou uns aos outros. Finalmente, todos os três autores oferecem suas memórias à falecida Mary Brim Hess, por suas sugestões, edição e encorajamento.

Allan Lazar envia agradecimentos adicionais aos membros do grupo de Henry Hecht: Sophie Ruszkiewicz, Tom Moorhead, Ed Thom, Frances Wilson, Jack O'Shea, Jim Genovese, Joe Giardina, Anne Gilmartin, Ken Effert,

Blanche Hackett e Rhea C. Levy. Aos Writing Groups do Englewood Southeast Senior Center for Independent Living: Gloria Jordan, Terry e Joseph Kneuer, Ann Zachs, Norma Burke, Sandor Halasz, Lilian Nissman e Catherine Shedd. E também Mary Beavin. Ao Main Street Poets & Writers em Fort Lee, Nova Jersey, sob a liderança de Patrick Hammer: Muriel Dickman, Alice Kanrich, Claire Lind, Jane Newman, Maryse Zeitouni, Ben Perlman, Rhoda Sklar e Shirley Frank. Além disso, Dr. Lazar deve muito ao apoio e encorajamento de Edna Lazar, a esposa extremamente paciente do autor, e seus filhos, que ajudaram a elaborar a lista de personagens deste livro: Jennifer Czahur, Julie Reskakis, Deena Berberich, David Lazar, Michael Lazar, Matthew Lazar, Judy Bendazu, Benjamin Lazar e Pamela Halasz.

Dan Karlan gostaria de expressar sua tripla apreciação a Martin Buchanan: por ter iniciado nós três neste exercício ao lhe dar o livro de Michael Hart, *As 100 maiores personalidades da história*, por sugerir alguns personagens para nossa consideração e por anos ajudar no aparentemente interminável processo de aperfeiçoar os textos. Seus agradecimentos vão também a Vince McCaffrey e ao resto do grupo da Avenue Victor Hugo Bookshop, em Boston, por suas sugestões particularmente entusiásticas para inclusão. Nenah Sylver também foi de grande ajuda na sugestão dos personagens. Apreciação especial é expressa a seu pai, Jac, pelo apoio, encorajamento e sugestões.

Jeremy Salter também agradece a Anne K. Taylor, que fez comentários preciosos para muitos textos, Laura Rindner, Steve Conte, Dr. David Pilgrim, Donna e Eduardo Campos, T. Velazquez, Mike Israel e Jane Adelman.

Ele também agradece Kurt Hulit por seus comentários sobre cinema, a família Hulit, Steve Bronstein, Joanne Weck, Richard e Susan Feldman, J. Zingerman, John Wienke e Jean Gastfriend.

Os colaboradores que nos apresentaram sugestões para nossa lista de personagens incluem Janet Wilcox, Manie Barron, Catherine Stutzer, Burt Samuelson, David Zudkevitch e Donna Campos. Muitas outras pessoas nos ofereceram ajuda ou opiniões. Agradecemos a todas elas.

Prefácio

Costumamos acreditar tanto nos personagens da televisão, da literatura e do cinema que os tratamos como se fossem pessoas importantes de nossa vida. Precisamos ver o último episódio de cada série de televisão a cada temporada e ficamos na fila para ver o último filme de uma seqüência ou o *remake* de um filme famoso. Lendas, mitos, teatro, desenho animado... o que vier. Sentimos identificação com esses personagens, mesmo se a história remonta a milhares de anos. Vertemos lágrimas de verdade por suas derrotas e por seu sofrimento. Tentamos imitar a grandeza dos heróis e aprender com os erros dos personagens trágicos. Muito da ficção nos ajuda a lidar com o mundo real. Podemos vivenciar todas as facetas da vida – o exótico, o perigoso e o ridículo – em total segurança.

A ficção nos informa sobre o mundo, mas também o molda. Algumas pessoas são inspiradas pelo que leram ou viram e se dedicam a mudar o mundo. Teria Alexandre, o Grande, tentado conquistar o mundo sem conhecer as histórias da Guerra de Tróia? Teria Napoleão pensado em invadir a Rússia sem o exemplo de Alexandre?

Vejamos o caso dos irmãos Wright.[1] Sem a experiência transmitida por Ícaro e Dédalo, os mitos da literatura grega que foram os primeiros a voar, te-

[1] *Nota da Tradutora*: Os americanos Wilbur e Orville Wright são reconhecidos por muitos como os primeiros a projetar e construir uma aeronave funcional, em 1903.

riam os irmãos Wright construído o primeiro avião? Ou será que em vez disso eles teriam feito bicicletas enormes para levar as pessoas de um país a outro? Neste caso, o que teríamos perdido?

A ficção muitas vezes nos afeta no nível pessoal. Adotamos o modo de falar de um personagem ou fazemos parte de grupos de discussão na Internet. E muitas vezes nossa relação com a ficção é ainda mais pessoal. Podemos identificar algumas lições de vida que aprendemos quando crianças e alguns de nossos valores morais em contos de fadas lidos na infância. Muitas dessas memórias estão perdidas porque éramos muito pequenos ou estávamos já bem sonolentos quando nossos pais nos leram essas histórias. Os personagens, por exemplo, de canções de ninar ou cantigas de roda têm influência tão sutil que passa despercebida. Outros personagens fictícios exerceram influência deliberada e até óbvia. Ainda outros adquiriram importância que nunca foi pretendida.

A ficção – fábulas, contos populares e mitos – tem sido criada em todas as sociedades há pelo menos 3 mil anos e provavelmente até antes. A importância dessas histórias antigas foi pouco reconhecida até algum tempo atrás. Somos, de fato, uma espécie que venceu pelo próprio esforço. Nossas vidas se expandem em um mundo definido por outros seres humanos, muitas vezes fictícios.

Essa compilação identifica algumas das mais influentes criações e descreve seu impacto em nossa vida. Para isso, consideramos aquelas que nos afetam culturalmente. E não pense que, nessas escolhas, não houve discordância entre os autores. Apesar de termos feito grande esforço para investigar os fatos, este livro se baseia nas opiniões dos autores.

A influência desses personagens tem dois aspectos: o número de pessoas afetadas e a profundidade do impacto. Tivemos que deixar de fora muitos personagens famosos: Darth Vader, Charlie Brown, David Copperfield, Mulher Maravilha, entre vários outros. Muitos personagens são bastante populares, mas ser *popular* não significa necessariamente ser *influente*. Alguns dos personagens podem ser pessoas reais, mas o que sabemos deles vem de filmes, livros e peças, não de histórias que realmente ocorreram. Por isso eles foram incluídos. E alguns personagens nem são pessoas. Esperamos que você goste de nossa seleção.

O início: Como começamos a escrever este livro

Tudo começou numa noite de verão. Era um acalorado encontro de filosofia no shopping e ficamos sabendo que o público seria difícil. As pessoas discutiam sobre a verdade e o ser, sobre pensamento e moralidade; pessoas perigosas, que levavam para o lado pessoal Platão e Sócrates, bem como outros filósofos como Wittgenstein. Quem foi Wittgenstein, afinal? De qualquer forma, o encontro era em uma livraria cujo dono esperava vender alguns livros de filosofia que estavam morrendo de velhice nas prateleiras, jogados, juntando poeira. Normalmente não há muita poeira em um shopping, mas toda ela acaba migrando pouco a pouco para a seção de filosofia, para os livros de Platão, Schopenhauer e Dale Carnegie[1]– parte natural do ciclo de vida de um livro.

A livraria também era o local mais seguro para a reunião. Seguro porque livros costumam se abrir quando são atirados e caem no chão como pombos feridos. Assim, quando você joga um pesado volume de filosofia em uma pessoa que insiste que Jean-Paul Sartre foi, na verdade, três pessoas, ninguém se machuca; contudo, havia uma loja de departamentos bem em frente à livraria, onde vários fanáticos por filosofia correram para a seção de produtos de cozinha e compraram enormes facas de aço inoxidável, verdadeiras obras de artes de metal capazes de fatiar um filósofo em menos tempo do que leva para dizer "existencialismo".

---

[1] *Nota da Tradutora*: Dale Carnegie é autor de livros de auto-ajuda, como o famoso *Como fazer amigos e influenciar pessoas.*

Depois do encontro, cuja conclusão foi que a verdade depende do tipo de tapete da sala em que você estiver, as pessoas feridas foram removidas. Ao sairmos, Dan pegou um exemplar de *As 100 maiores personalidades da história*, de Michael Hart. Dan não comprou o livro. (A maioria das pessoas que vão a encontros filosóficos não faz esse tipo de coisa. Eles ficam ofendidos em ter de pagar por um conhecimento que prefeririam obter sozinhos. Eles também não costumam dar gorjetas. Esse tipo de coisa simplesmente não faz parte de sua natureza.) Dan folheou o livro e nos mostrou um capítulo sobre um chinês que inventou o papel. Alan disse: "Aposto que poderíamos escrever um livro como este. Por que não sobre personagens fictícios?" Dan comprou a idéia imediatamente e Jeremy se uniu aos outros, resmungando, como às vezes faz.

Começamos na semana seguinte, durante um de nossos passeios semanais, dessa vez para o Montclair Art Museum. Interesse profissional, veja bem. Dan é escultor e Jeremy pinta – a maior parte em acrílico, porque seca rápido e não mancha o banco do carro na volta para casa. E Allan é um sujeito fora do comum que abriu seu caminho pela faculdade vendendo obras de arte. (Nota: sempre com muito bege.) Jeremy costuma lembrar que foi assim que Rembrandt começou, como pintor e estofador de móveis. Você comprava o quadro e o sofá juntos, em uma combinação. Então as crianças pulavam nos sofás, as molas estragavam e o tecido ganhava manchas de cerveja e xixi de cachorro. Depois de alguns anos, só os quadros sobreviviam.

Normalmente em nossos passeios teríamos discutido as variadas técnicas de fazer pão na Holanda e na Inglaterra, mas, dessa vez, começamos a falar sobre personagens fictícios e decidimos compilar uma lista. Allan escolheu Satã, no qual ele não acredita, exceto nas vezes em que a coisa começa a pegar fogo nos encontros filosóficos. Jeremy escolheu Nora Helmer, a heroína da obra de Ibsen. Dan escolheu Big Brother, o ditador do pesadelo de George Orwell. E daí continuamos até termos uns trinta nomes, como Papai Noel, Miss Piggy[2] e Thor.[3] E também pessoas reais, como Marilyn Monroe, Buffalo Bill e Elvis Presley, que acabaram virando lendas.

---

[2] *Nota da Tradutora*: Personagem do *The Muppets Show*, programa infantil de televisão com fantoches.

[3] *Nota da Tradutora*: Deus do trovão na mitologia nórdica, cuja arma é um martelo e que se tornou herói dos quadrinhos e de desenhos animados.

E prosseguimos na empreitada. Pedimos sugestões a todos os nossos amigos. Eles contribuíram com vários nomes que não tinham nos ocorrido. Durante uma viagem para o Griswold Museum, em Connecticut, dividimos a lista em categorias. O Griswold é um lugar incrível, com vista para o belo rio Lieutenant. Fomos ver as pinturas da coleção Hartford Steam Boiler.[4] É assim que ela é chamada, mesmo apesar de as obras não serem pintadas em caldeiras a vapor.

Durante o jantar naquela noite – hambúrgueres, moluscos e fritas em um restaurante a céu aberto –, uma enorme gaivota chegou implorando por batatas fritas. Como pagamento pelas migalhas que lhe demos, ela por algum motivo sugeriu que incluíssemos alguns personagens russos: os irmãos Karamazov,[5] Ivan Ilitch,[6] Tio Vânia[7] e, é claro, o Pássaro de Fogo.[8] Acabamos não utilizando nenhum deles.

Depois, seguindo o conselho de uma divindade que não temos autorização para nomear aqui, abrimos mão de todos os ensaios que havíamos escrito sobre personagens religiosos e cortamos também todas as pessoas reais, exceto São Nicolau e Rei Artur, que eram, na verdade, muito diferentes das histórias contadas sobre eles. Eles vieram da Idade Média, aquela época selvagem na qual hordas de filósofos pré-nietzschianos invadiram a Europa em busca de debates, pilhagens e livrarias.

Assim, começamos a escrever e a corrigir o trabalho uns dos outros, até que nos acostumamos com isso. Passa a ser um hábito, a escrita. Um dia estávamos em uma livraria, uma daquelas grandes, com uma combinação de café e jazz, incluindo um pianista cheirando a café e canela. Uma bela e elegante loira, em um vestido apertado de cetim azul, começou a conversar conosco e eventualmente perguntou: “O que vocês fazem?” Ainda não estávamos prontos para admitir sermos escritores, então dissemos a ela que éramos filósofos, do tipo selvagem.

---

[4] *Nota da Tradutora*: Literalmente, Caldeira a Vapor de Hartford.

[5] *Nota da Tradutora*: Personagens do romance de Fiodor Dostoievsky, de mesmo nome.

[6] *Nota da Tradutora*: Personagem do romance de Leon Tolstoi, *A morte de Ivan Ilitch*.

[7] *Nota da Tradutora*: Personagem da peça teatral *O Tio Vânia*, de Tchekhov, autor também de *A gaivota*.

[8] *Nota da Tradutora*: Balé de Igor Stravinsky.

Sumário

1

Mitos gregos e romanos

Os deuses mais conhecidos são aqueles transmitidos pelas histórias gregas e romanas. Mas o que faz com que essas divindades sejam tão interessantes por tanto tempo? O deus grego Dioniso inventou o vinho, o que pode ser bem impressionante para algumas pessoas, mas, para outras, o que contava era a presença mais sóbria e palpável desses deuses na vida cotidiana. Eles não eram somente os deuses por trás das forças da natureza – eles eram a própria força.

Essas divindades viviam plenamente o intelecto, o temperamento e a emoção. Eles demonstravam vaidade e ciúmes e abraçavam o amor e a guerra. Enquanto os deuses de outras culturas eram cobras ou touros, os gregos e romanos tinham aspecto humano e, na maioria das vezes, agiam como humanos. Eles se casavam, tinham filhos e lutavam uns com os outros. Tinham seus favoritos entre os humanos: pessoas que conheciam, com quem falavam, a quem ajudavam ou amaldiçoavam. E muitas humanas geravam filhos desses deuses. Esses filhos eram semideuses que muitas vezes se tornavam heróis por mérito próprio.

Esses deuses e heróis são fictícios? Essa é a pergunta errada. O mito é uma iniciativa sedutora e poética, pela qual expressamos nossos mais profundos desejos, bem como nossas mais profundas ansiedades. Neste capítulo, analisamos esses deuses e sua influência na maneira como, hoje em dia, solucionamos problemas morais. A beleza dessas histórias só pode ser percebida quando os personagens são deixados no mundo a que pertencem – nem no mundo da verdade nem na esfera da ficção, mas além do mundo da razão.

Prometeu

Prometeu é o deus que criou o homem, um feito compartilhado com dezenas de outras divindades. Mas ele também deu ao homem o fogo, o presente mais essencial jamais recebido de qualquer deus, incluindo Jeová, Alá ou qualquer outra divindade ocidental.

Prometeu, cujo nome significa "pensar antes de agir", era um deus tanto dos gregos quanto dos romanos antigos, e sua história foi desenvolvida pelas penas de escritores como Hesíodo, Apolodoro e Ovídio.

Prometeu é o filho do titã Jápeto e da ninfa Clímene. Apesar de ser um titã por parte de pai, ele permaneceu neutro durante a guerra na qual os deuses do Olimpo derrotaram os titãs. Com isso, Zeus, a divindade suprema do Olimpo, o recompensou com a tarefa de criar os humanos. Prometeu cumpriu essa tarefa usando argila e água e a deusa Atena soprou a vida em sua criação.

Mas Prometeu guardava um rancor secreto contra Zeus e os outros deuses do Olimpo por terem destruído sua raça de titãs, por isso ele sempre ficou do lado dos humanos contra os deuses.

Quando Zeus decretou que os homens deveriam dividir com os deuses cada animal sacrificado, Prometeu decidiu enganá-lo. Em um banquete no qual um boi foi sacrificado, Prometeu cortou o boi e escondeu as melhores partes sob a pele do animal e os ossos sob uma apetitosa camada de gordura. Em seguida pediu a Zeus que escolhesse uma porção, sabendo que a outra ficaria para os humanos. Zeus, o glutão, escolheu a gordura. Quando percebeu que tinha sido enganado, negou o fogo aos humanos para castigá-los. Mas Prometeu subiu ao Olimpo e roubou uma tocha flamejante do Sol. Assim, levou o fogo escondido à Terra e o entregou à humanidade. Depois de os homens terem o fogo, Prometeu ainda lhes ensinou arquitetura, matemática, medicina e metalurgia. Novamente, Zeus ficou furioso com Prometeu. De posse de todos esses conhecimentos, os bichinhos de estimação de Prometeu começavam a se aproximar do status de deuses.

Dessa vez, Zeus decidiu punir Prometeu diretamente. Ele ordenou a seus servos, o Poder e a Violência, que o prendessem e o levassem ao Monte Cáucaso, acorrentando-o nu a um rochedo. Lá, uma águia gigante dilacerava seu fígado durante o dia e, como Prometeu era imortal, o órgão se regenerava à noite. A tortura durou muitos anos até que, finalmente, em sua misericórdia infinita, Zeus oferece a saída para o tormento de Prometeu, mas exige que um voluntário imortal morra por ele. Desnecessário dizer, não houve fila de voluntários para a missão. Na verdade, ninguém queria aceitar a tarefa, até que Quíron, o Centauro, sacrificou-se por ele e Zeus deu fim ao castigo de Prometeu.

Prometeu é a inspiração para todos aqueles que se recusam a curvar-se diante da autoridade e, nos Estados Unidos, ele é venerado com uma grande estátua no Rockefeller Plaza, em Nova York. Também o veneramos em seus templos sagrados, os Arcos Dourados – também conhecidos como McDonald's. Lá saboreamos os apetitosos pedaços de carne de animais sacrificados que Prometeu nos assegurou.

Esta curiosidade irá fazê-lo pegar fogo:

Por ser também o deus do artesanato, Prometeu tinha um templo na região dos oleiros em Atenas, perto da Academia de Platão.

Apolo e Dioniso

Esses deuses da Grécia antiga incorporam duas personalidades opostas: o Espírito Racional e o Espírito Livre. Somos todos combinações de comedimento calmo e abandono emocional, e é isso que nos separa dos estereótipos dos mitos, das lendas e dos contos de fadas. "Quem você é" é reflexo de qual desses dois deuses domina a sua personalidade.

O lado apolônico da vida é a ordem, a razão, a verdade e a virtude – aspectos importantes, mas não necessariamente emocionantes. Por outro lado, Dioniso é o deus do vinho, da celebração, dos riscos, da desordem e da liberdade.

Apolo foi um dos poucos deuses gregos não renomeados pelos romanos quando transferidos para o panteão latino. Ele era conhecido como o deus da luz, da medicina, da música e da poesia. Protetor das nove Musas, ele era o guardião de toda a cultura. Como deus do teatro, inspirou os dramaturgos Sófocles, Eurípides e Ésquilo, cujas obras são encenadas até hoje. Escritores como esses produziam novas peças e poemas para o festival anual de Dioniso. O teatro dedicado a ele em Atenas ainda sobrevive, apesar de as vendas de ingressos hoje em dia não serem mais o que costumavam ser. Vários bosques são dedicados a Dioniso, e tudo indica que todas as casas noturnas e todos os botecos também. Dioniso, como o deus da uva, inspirou a arte vinícola, do Dom Pérignon ao Thunderbird.[1]

Os gregos clássicos acreditavam que a harmonia interior dos poderes de Apolo e Dioniso trazia grande força pessoal. No final do século XIX, o influente filósofo alemão Friedrich Nietzsche escreveu sobre o conceito grego antigo do homem que vive além do bem e do mal, nos mundos tanto de Apolo quanto de Dioniso. Nietzsche nos encorajou a enfatizar nosso lado dionisíaco.

O escritor grego do século XX Nikos Kazantzakis nos proporcionou incrível visão dos domínios de Apolo e Dioniso em seu romance *Zorba, o grego*, transformado em filme em 1964. No filme, o narrador apolônico é Basil, um escritor. No caminho para Creta, ele faz amizade com Zorba, um homem de meia-idade e espírito dionisíaco e livre, que aceita o mundo como é. Ele vive sua vida com paixão. Para ele, as realidades são a liberdade, o amor, o prazer e o deleite. Zorba é impetuoso, impulsivo e irresponsável. Basil reabre uma mina abandonada de carvão e Zorba, como seu braço direito, conduz a empreitada para o desastre.

Em conseqüência da calamidade, decidem prosseguir por caminhos separados, mas antes disso Zorba aconselha seu amigo a ser livre; as pessoas precisam de um pouco de loucura. E, em um gesto final no filme, Basil pede ao grego que o ensine a dançar. Começando a dançar lado a lado, no melhor estilo sensual grego, eles logo se pegam rindo e dançando loucamente – o primeiro prazer puro que vemos Basil apreciar.

Zorba e seu amigo não são os únicos exemplos da dicotomia apolônico *versus* dionisíaco. Temos o Sr. Spock e o Capitão Kirk; Felix Unger e Oscar Ma-

---

[1] *Nota da Tradutora*: Vinho americano popular, de qualidade discutível e preço acessível, que deve ser consumido gelado.

dison, do filme *Um estranho casal*, com Jack Lemmon e Walter Mattau; Leo Bloom e Max Bialystock, do filme *Primavera para Hitler*, de Mel Brooks, entre vários outros.

Quanto a nós, nos identificamos com o esclarecimento e a iluminação de Apolo. Entretanto, aqueles que nos conhecem melhor nos vêem como dionisíacos. E brindamos a isso.

Para saber mais sobre Apolo e Dioniso, recomendamos:

Mythology, de Edith Hamilton.

Mitos gregos, de Robert Graves.

Vênus e Cupido

Esses dois deuses romanos, mãe e filho, chamados de Afrodite e Eros pelos gregos, promoveram a devastação desde o começo. Para simplificar, nos referiremos a eles como Vênus e Cupido, mesmo apesar de muitas das histórias que os envolvem terem originado na Grécia, antes de serem adotados pela mitologia romana. Em ambas as culturas, as flechas do Cupido poderiam atingir qualquer criatura e despertar nele ou nela a reação que chamamos de amor. Com apenas um tiro, Plutão, o rei do submundo, se apaixonou. Cupido até fez com que Apolo, o deus da razão, se apaixonasse.

Vênus é a deusa do prazer sexual, rejeitada como sendo inerentemente pecadora, em especial após os textos de Agostinho, no século IV. Mas vamos aqui considerar Vênus e Cupido como as personificações dos aspectos positivos de pessoas comuns.

O amor não é algo que possamos definir. Como posso compreender o significado da palavra se eu declaro amar minha esposa, meus filhos, meu cachorro e meu carro? As únicas coisas que eles têm em comum são que todos custam dinheiro e precisam ser lavados, mas isso não pode ser usado como analogia aceitável para o amor.

Não podemos separar o amor romântico de Vênus e sua personificação de desejo sexual. Mas, para preservar a ignorância das crianças, costumamos representar o amor como um pequeno e fofo querubim, o Cupido, e o celebramos no Dia dos Namorados, sempre tomando muito cuidado para não mencionar sua mãe.

Imaginar o Cupido como um deus gordinho, brincalhão e infantilizado é uma alusão à sua personificação romana. Por outro lado, para os gregos, ele era um homem voluptuoso e detentor de uma intimidante força primordial – o mais belo de todos os deuses. Só a visão dele poderia fazer os humanos perderem o chão, e além do mais tinha o poder de controlar nossa mente. Eros (o Cupido) era uma força primitiva e incontrolável que muitas vezes fazia com que pessoas que não tinham nada a ver umas com as outras se apaixonassem – um exemplo do poder do amor sobre a racionalidade. Esse tema foi recorrente ao longo da história e atingiu seu auge cômico em *Sonho de uma noite de verão*, a famosa peça de Shakespeare. Um tratamento moderno desse cenário é encontrado no conto de Isaac Asimov, *The Up-to-Date Sorcerer*.[2] Nessa história, pessoas sob a influência de uma poção do amor se apaixonam perdidamente somente para serem curadas pela realidade do casamento.

Também Cupido se apaixonou. Nesse mito, Vênus sentiu-se ameaçada pela beleza de uma mortal, Psique, e enviou Cupido para fazer com que a donzela se apaixonasse por um monstro. Mas, quando Cupido viu Psique, ficou extasiado e a desposou. Como vingança, Vênus matou Psique, mas Cupido ressuscitou sua noiva, que se tornou uma deusa, bem como o filho deles. Mais uma história de morte, ressurreição e elevação ao status de divindade. O amor faz dessas coisas.

O poder de Cupido é fonte de ansiedade para aqueles que desejam uma vida organizada e harmoniosa. Uma pessoa pode estar vivendo uma existência despreocupada quando o romance floresce e de repente se vê escravo do amor.

Enquanto as setas de Cupido estiverem voando, qualquer um pode ser atingido sem aviso, às vezes repetidamente. A natureza aleatória desses eventos faz com que a vida seja imprevisível. Entretanto, a passagem do tempo pode reduzir nossa volúpia e controlar o Cupido. Como um filósofo muito sabiamente observou, a idade pode cortar suas asas, esfriar nossas paixões e permitir que nosso intelecto finalmente funcione sem barreiras. Mas justamente quando achamos que estamos seguros, eis que surge o Viagra.

---

[2] *Nota da Tradutora*: Isaac Asimov (1920-1992) foi um prolífico escritor de divulgação e ficção científica; uma tradução literal do título do conto poderia ser "O feiticeiro atual".

Pandora

Pandora é o bode expiratório original, o alvo de uma necessidade primitiva de "dedurar", achar alguém para culpar. Enquanto não reconhecemos um indivíduo específico como responsável por todas ou mesmo a maioria das mazelas da humanidade, não teremos esgotado a necessidade de culpar alguém quando algo der errado ou simplesmente não estiver de acordo com as expectativas.

Na mitologia grega, Pandora foi a primeira mulher humana (mortal), a analogia grega para Eva. Para que ela fosse especialmente atrativa aos homens, cada um dos deuses do Olimpo contribuiu com alguma coisa em sua constituição: Afrodite a fez bela, Apolo a fez musical, Hermes a fez sedutora e os outros deuses também a aprimoraram; daí seu nome, derivado do grego *pan* (todo) e *doron* (dom).

Quando Prometeu roubou o fogo e o deu aos humanos, Zeus estava determinado a se vingar de ambos os lados. Para a humanidade, ele criou uma armadilha. Enquanto Pandora ainda estava no Monte Olimpo, Zeus deu a ela uma jarra lacrada (nas versões mais recentes, uma caixa), com as instruções para jamais abri-la. Então ele a enviou para viver na Terra com Epimeteu, o irmão de Prometeu. Mas Pandora não foi capaz de resistir à tentação. Ela acabou abrindo a jarra, permitindo que todas as doenças, pragas e outros tormentos escapassem para molestar a humanidade (outros animais, e mesmo plantas, também adoeceram. O que *eles* fizeram para ofender Zeus não foi registrado.)

Se Pandora fosse viva hoje, teria vários processos legais contra ela. Não interessa se ela não tem uma recheada conta bancária – ou, até onde sabemos, conta bancária alguma. Nosso gosto por acusar, culpar e processar alguém por um problema pelo qual não queremos assumir a responsabilidade tornou-se tema de várias outras lendas.

Por outro lado, Pandora ganhou a jarra e recebeu também instruções para não abri-la. Que sentido isso tem? Caia na real! Isso se tornou o tema principal de várias histórias que giram em torno de alguém fazendo alguma coisa que disseram para *não fazer* enquanto recebia todo o incentivo para *fazê-lo*. Que tipo de deus ordena a um humano – notório pela curiosidade e teimosia, sem mencionar a relutância em seguir instruções – que resista a uma tentação colocada em seu caminho pelo mesmo deus? Que grande arapuca!

Ulisses conhecia essa lenda, o que pode ter motivado a idéia de contrabandear algo sinistro dentro de um pacote atrativo. Essa pode ter sido a fonte de sua inspiração para construir um enorme cavalo de madeira para sair vitorioso da Guerra de Tróia, e daí a expressão depreciativa "presente de grego". As pessoas supõem que isso se referia a Ulisses e seu truque do Cavalo de Tróia, mas talvez a expressão na verdade se refira a Pandora.

Como um sinal de que nem tudo está perdido, entretanto, Pandora descobre, no fundo do recipiente, a Esperança: esperança de que, de alguma forma, a humanidade possa superar a doença e o sofrimento que ela libertou. No Gênesis, Eva também cai vítima da tentação – mas no caso dela não há esperança. As mulheres são mais curiosas que os homens ou menos capazes de resistir à tentação? Não importa. O mal está feito. Uma vez iniciado o jogo da culpa, é difícil terminá-lo – para o deleite do exército de advogados existente hoje em dia.

A Caixa de Pandora tornou-se a metáfora de qualquer potencial de liberar mais problemas em um mundo já totalmente problemático. A expressão "abrir a caixa de Pandora" foi utilizada para referir-se ao estabelecimento europeu do Novo Mundo, à Revolução Industrial e à descoberta da energia atômica. A expressão engloba as tecnologias industrial, agrícola e médica. Pandora foi a primeira pessoa com "o presente que nunca se esgota" e sua influência tem sido sentida da Antigüidade aos dias atuais.

Helena de Tróia

Helena de Esparta (também conhecida como Helena de Tróia) foi a mulher mais bonita de sua época – a mulher mais bonita de todos os tempos. Homens se digladiavam por ela. Exércitos lutavam por ela. Reinados inteiros foram perdidos por ela. E, ao escrevermos este texto, nós nos apaixonamos por ela. Mas, pelo fato de ela ser a filha de um deus, não nos surpreendemos quando ela não respondeu aos nossos e-mails apaixonados.

Homero escreveu a *Ilíada*, uma das histórias mais heróicas de toda a literatura, sobre a guerra precipitada pelo rapto de Helena. Outros grandes épicos também foram desenvolvidos a partir dessa história: *Odisséia,* de Homero, *Eneida,* de Virgílio, e *Troianas* e *Ifigênia em Áulis,* de Eurípides. Há centenas de outros títulos inspirados em Helena e na Guerra de Tróia.

Na história, Helena era de carne e osso, mesmo apesar de seu pai ser o deus Zeus. Ela já começou de forma diferente. Zeus havia se disfarçado de cisne quando fez amor com a bela rainha de Esparta, Leda, que produziu um ovo. Sim, ela de fato botou um ovo. Afinal, ela ficou grávida de um cisne, então botou um ovo e dele saiu Helena.

Desde o nascimento ela foi aclamada por sua beleza e isso se manteve por toda a vida, e mesmo depois disso. Quando Helena atingiu a puberdade, o já velho rei de Atenas, Teseu, a raptou. Ele a levou para uma pequena cidade ao norte de Atenas e lá tirou sua virgindade. Os irmãos de Helena montaram um exército, destruíram a cidade e levaram sua irmã de volta para Esparta. Legiões de prósperos pretendentes começaram a chegar.

Entre os pretendentes estava Odisseu, que sugeriu que cada pleiteante fizesse um juramento. Eles deveriam se comprometer a aceitar quem quer que Tíndaro, o pai de Helena, escolhesse, e deveriam defender o casamento. Depois que todos concordaram com esses termos, Tíndaro escolheu Menelau, não por ele ser bonito ou elegante, mas por ter fortuna e poder por meio de seu irmão, Agamenon.

Muitos anos mais tarde, Páris, um príncipe de Tróia, se apaixonou por ela e ela por ele. O encontro de Helena e Páris não se deu por acaso. Foi um presente da deusa Afrodite a ele. Como Afrodite havia decretado, os amantes fugiram para Tróia, onde se casaram.

Agamenon ficou furioso com o que achou que fosse o rapto de sua cunhada. Lembrou os pretendentes do juramento, recrutou um exército e construiu mil navios. Em pouco tempo, as forças gregas chegaram a Tróia e, após um cerco de dez anos, a cidade caiu nas mãos dos gregos. Helena, sem nenhum remorso, voltou a seu marido Menelau, com quem viveu feliz até a morte. E sua beleza persistiu. Mesmo depois de morrer e descer ao submundo, os espíritos de muitos homens a cortejavam lá.

A beleza de uma mulher é um de seus ativos principais e, no que se refere a isso, Helena era realmente abastada. E ela usava esses dons em sua vantagem. A expressão "O rosto que lança mil navios" se refere a ela (ver o quadro a seguir) e tornou-se sinônimo de sedução feminina utilizado até hoje.

Impressione seus amigos:

A expressão "O rosto que lança mil navios" foi primeiramente utilizada por Christopher Marlowe em sua peça *Doutor Fausto*, escrita antes de 1604.

Odisseu

Odisseu – conhecido pelos romanos como Ulisses – é o modelo de perspicácia e da duplicidade. Ele foi primeiro guerreiro grego a sobreviver por sua esperteza, não pela coragem ou força. Quando seus compatriotas o escolheram para lutar na Guerra de Tróia, ele tentou evitar o serviço fingindo ser louco; quando isso falhou, tentou se alistar no Exército da Salvação. Quando isso também não funcionou, relutantemente se uniu às tropas gregas, que passaram dez anos sem sucesso tentando romper as muralhas de Tróia. Eles estavam tentando resgatar Helena, a mulher mais linda do mundo, e devolvê-la a seu marido, o rei Menelau.

Odisseu era um dos líderes das forças gregas e, no final, acabou sendo o fator decisivo no conflito, por criar o Cavalo de Tróia. Esse truque engenhoso envolveu esconder um pelotão de soldados dentro da enorme construção. Os troianos levaram o presente para dentro da cidade e os soldados gregos escondidos esquivaram-se à noite para abrir os portões. O exército grego inteiro entrou e destruiu a cidade, pondo fim ao conflito. O artifício foi tão influente que ainda utilizamos a expressão "Cavalo de Tróia" para indicar enganação engenhosa.

Na história épica de Homero, *Odisséia*, que data de cerca de 800 a.C., acompanhamos Odisseu em suas aventuras turbulentas, por vezes vergonhosas, em sua viagem de volta para casa depois da guerra.

Quando ele e seus homens chegaram à terra do Ciclope, o enorme monstro de um só olho devorou alguns dos homens de Odisseu. O resto escapou depois de cegar com astúcia o monstro. Entretanto, o Ciclope chamou o pai, Poseidon, o deus dos mares, para punir Odisseu. A divindade fez isso enviando tempestades que resultaram em um atraso de dez anos para percorrer as poucas centenas de quilômetros em sua viagem de volta para casa.

No caminho, o navio de Odisseu afundou e ele perdeu toda a tripulação. Sozinho, Odisseu chegou à ilha de Ogígia, onde a ninfa Calipso fez dele seu amante e recusou-se a deixá-lo partir por sete anos. Quando Zeus finalmente interveio, Odisseu partiu navegando em um pequeno barco somente para naufragar em outra tormenta. Foi salvo pelos fenícios e finalmente, com a ajuda da deusa Atena, chegou em casa, na ilha de Ítaca.

Sua esposa, Penélope, havia se mantido fiel a ele durante os vinte anos de sua ausência. Mas depois de tantos anos, ela já era considerada viúva e vários nobres tentaram persuadi-la a casar-se de novo.

Pressionada por seus pretendentes, ela declarou que se casaria com o homem que conseguisse usar um arco extremamente rígido que pertencia a Odisseu. Enquanto isso, Odisseu, que nunca encarava um problema de frente, tinha se esquivado em sua própria casa, disfarçado de mendigo. Depois que todos os pretendentes fracassaram em usar o arco, Odisseu o fez e matou todos eles. Depois disso, naturalmente, eles viveram felizes para sempre. Entretanto, suspeitamos que Odisseu, usando de sua esperteza, ocasionalmente desse umas escapadelas para Ogígia, para visitar Calipso.

Afinal, ele era o mestre da enganação.

No mundo real, o truque de Odisseu foi utilizado muitas e muitas vezes para esconder uma bomba em um carro, cianeto no iogurte, a rainha Cleópatra em um tapete[3] e vírus de computador em programas gratuitos. Qualquer jornada longa ou serpenteante é chamada de uma Odisséia. Mesmo o longo livro – *Ulisses*, de James Joyce – leva seu nome no título.

As histórias de Odisseu, Helena e Aquiles celebram o fim da Idade do Bronze e a emergência de um governo guerreiro. Como os invasores germânicos que saquearam Roma, Odisseu – e sua nova cultura grega – é descendente dos guerreiros do norte, e seu alvo é uma das grandes cidades. Mas, como observado no Livro de Josué, grandes cidades tombavam facilmente, a não ser que tivessem bigas de ferro, o elemento-chave da próxima era. Por um tempo, um tanque de combate blindado foi o suficiente para resistir aos guerreiros armados com lanças e suas armaduras leves. Na *Ilíada* e na *Odisséia*, Homero glorifica a armadura de bronze, de tom dourado e resplandecente, e as armas

[3] *Nota da Tradutora*: referência ao episódio em que Cleópatra entra no palácio de César escondida em um tapete enrolado, ofertado como presente.

dos gregos, e fala com desconfiança do ferro frio e cinzento, a nova arma que nem os gregos nem os troianos tinham em abundância.

Em sua jornada de volta para casa, Odisseu encontra mulheres do fim da Era Neolítica, bruxas e sereias, remanescentes ilhadas da era anterior, poderosas demais e remotas demais para serem arrastadas à cultura da Era do Bronze, então em decadência, enquanto os guerreiros sedentos de glória saqueavam as principais cidades comerciais. A esposa de Odisseu, a paciente Penélope, é outra remanescente do neolítico, não uma propriedade a ser carregada de um lado para o outro como Helena, mas uma rainha por seu próprio mérito, recusando-se a aceitar um novo marido, administrando seu próprio tempo, mas, no final das contas, permanecendo fiel a seu marido perambulante.

Vista por si só, a jornada de Odisseu é a história de um extraordinário aventureiro e do triunfo da esperteza. Vista no contexto, é uma sobrevivência ainda mais extraordinária da história, armamentos e cultura da Idade do Bronze, uma era que só agora começa a revelar seus segredos à arqueologia.

Midas

"Tome cuidado com o que deseja" é a moral da história do rei Midas. Sua grande ambição nos previne dos problemas que podem resultar quando agimos por impulso, levados por alguma motivação cega. Quando ignoramos as possíveis conseqüências de nossas ações, a tragédia se abaterá.

Como em muitos mitos, o personagem central é alguém que de fato existiu. Ele era um dos vários reis com o mesmo nome na cidade de Frígia, na Anatólia (atual Turquia), no século VIII a.C. Sabemos pouco sobre ele; entretanto, o mito que se desenvolveu é rico em narrativa e detalhe.

No mito, Midas fez um favor para o deus grego Dioniso e a divindade, como prova de gratidão, lhe concedeu um desejo. Em sua avareza, ele pediu a Dioniso que transformasse em ouro tudo o que ele, o rei, tocasse. Não demorou muito para perceber que esse "toque de Midas" era uma maldição. Ele descobriu ser incapaz de comer ou beber e, quando sua filha tentou confortá-lo, também ela se transformou em ouro. Finalmente ele pediu que o dom fosse retirado. Aprendeu como desfazer o dano que causou e arrependeu-se de sua estupidez.

Depois disso, Midas ficou mais generoso e gentil e foi recompensado com uma extensão de sua província, eventualmente capturando os domínios do rei Górdio (conhecido pelo nó górdio).[4] Em virtude da fama de ambos esses homens, os reis da Frígia foram alternadamente chamados de Midas e Górdio, levando à crença errônea de que o famoso Górdio era filho do também famoso Midas.

Apesar de Midas ter se tornado mais generoso e gentil, ele não ficou mais esperto. Cometeu ainda um outro erro grave. Midas foi pressionado e acabou concordando em servir como juiz no famoso concurso musical entre o deus Apolo e o sátiro Mársias.

Esse sátiro havia encontrado uma flauta encantada e, com ela, se tornou um extraordinário músico. Com o tempo, Mársias começou a achar que sua habilidade musical se igualava à dos deuses e desafiou Apolo a um concurso.

No concurso, a flauta mágica e seu dono não conseguiram atingir o mesmo desempenho de Apolo com sua lira. Mas Midas, um dos juízes, votou, em dissonante minoria, a favor de Mársias.

Apolo ficou furioso. Primeiro ele puniu Mársias com uma morte dolorosa. Depois castigou Midas, dando a ele orelhas de burro – para representar seus ouvidos sofríveis como juiz no concurso. Midas escondeu essa deformidade de todos, mas seu barbeiro sabia disso. O barbeiro, sentindo-se incapaz de manter o segredo, cavou um buraco e sussurrou o segredo no chão. Acontece que um bambu estava brotando justamente no buraco e passou o segredo para outros bambus. Logo todo o reino de Midas sabia a verdade e Midas mandou executar o barbeiro. Então, desonrado e envergonhado, cometeu suicídio.

Midas é uma lição por dois motivos. Primeiro, desejar sem pensar é uma estupidez. Segundo, desafiar a vaidade dos deuses é mais estúpido ainda .

---

[4] *Nota da Tradutora*: Expressão que significa um problema extremamente complicado ou beco sem saída; na mitologia, nó feito pelo rei Górdio, da Frígia, e que somente o futuro rei, Alexandre, o Grande, seria capaz de desatar.

Talvez você não tenha considerado:

A riqueza da lenda do rei Midas reflete-se na grande quantidade de lições específicas que podem ser aprendidas, talvez mais do que em qualquer outro mito grego:

- Cuidado com o que você deseja.
- Pedidos literais podem ser tomados literalmente.
- Itens de valor têm utilidade limitada: ser útil para um propósito não significa ser útil para qualquer propósito.
- Os deuses sempre ganham.
- Um rei não tem um bom julgamento musical: a habilidade em uma profissão significa pouca habilidade em outra área.
- Uma resposta sincera nem sempre é a correta.
- Nunca questione (ou duvide de) um deus.
- Não confie em confidentes, nem mesmo nas plantas.
- Qualquer segredo eventualmente vazará.

Pigmaleão

Pigmaleão era um homem que, quando encontrava um problema, assumia a responsabilidade e o resolvia. Muitos homens fizeram isso, mas Pigmaleão utilizava sua abordagem direta para solucionar um desafio que atormentava os homens desde o começo dos tempos: como encontrar a mulher ideal – uma que se encaixasse perfeitamente à sua disposição, o amasse e fosse eternamente confiável.

Nós, escritores, tratamos de nossos temas como se fossem nossos filhos. Por piores que sejam, nós os amamos. Da mesma forma, Pigmaleão, um escultor mítico antigo, apaixonou-se por sua obra, mas levou sua criatividade e admiração a um nível totalmente inédito.

A história de Pigmaleão foi contada pelos escritores gregos Hesíodo, no século VII a.C., e Pindar, no século VI a.C. Além disso, o escritor romano Ovídio registrou o mito em seu livro, *Metamorfoses*, escrito no início da era cristã.

Na história, Pigmaleão, um solteirão, escolheu afastar-se dos muitos defeitos que considerava serem naturais das mulheres. Ele decidiu criar a mulher ideal e esculpiu uma estátua de marfim mais bela que qualquer mulher desde Helena de Tróia. E apaixonou-se pela criação.

A estátua tinha toda a aparência de uma mulher real e ele a adornou com roupas de mulher, anéis e longos colares. Colocou a estátua em um sofá e deitou sua cabeça em macios travesseiros. Ele a beijava e imaginava que ela correspondia aos beijos.

No festival de Afrodite, Pigmaleão ofertou um bezerro e pediu à deusa do amor que desse vida à sua donzela de marfim para que ela pudesse ser sua esposa. Quando Pigmaleão voltou para casa, descobriu que Afrodite havia atendido o seu pedido. Ele beijou sua criação e ela parecia morna. Ele tocou seu seio e o marfim ficou macio. Ela era de fato uma mulher: Galatéia. Ela sentiu os beijos dele e corou. Logo eles estavam casados e, em menos de um ano, Afrodite abençoou a esposa de Pigmaleão com uma filha.

Na peça *Pigmaleão*, de George Bernard Shaw, bem como no musical da Broadway *My fair lady* e no filme *Minha bela dama*, com Audrey Hepburn, o Pigmaleão moderno é Henry Higgins. Ele faz uma dama, não de marfim, mas de uma garota de rua, uma humilde vendedora de flores, Eliza Doolittle. E ele consegue isso ensinando-a a falar direito, com a pronúncia correta e o vocabulário adequado. Depois de completa a transformação, ele a faz passar por uma duquesa. No final, Henry Higgins tem o mesmo destino que o Pigmaleão original – se apaixona por sua "criação".

Pigmaleão é um personagem mítico que levou o conceito do "faça você mesmo" ao limite extremo. Ele é a estrela indiscutível da auto-ajuda.

Ícaro

Ícaro é importante por várias razões. É o mais famoso exemplo das conseqüências de não seguir instruções. E, apesar de ter sido o primeiro a voar e uma fonte de inspiração para os irmãos Wright e Santos Dumont, foi imprudente o suficiente para exceder as orientações técnicas do fabricante em relação à altitude e suas asas falharam. E, pior ainda, ele não estava coberto por um seguro de acidentes aéreos.

A história começa em Atenas, onde Ícaro vivia com seu pai, Dédalo. O pai era tão habilidoso como escultor e inventor que foi capaz de construir um robô que parecia e funcionava como um cavalo. Entretanto, Dédalo tinha um lado negro. Entre seus aprendizes estava seu sobrinho, Talo. Talo era mais esperto que Dédalo, que, em um ataque de ciúmes, o matou. Por causa disso, Dédalo foi exilado em Creta, para onde seu filho Ícaro o acompanhou.

Quase na mesma época, Poseidon, o deus dos mares, enviou um touro branco para Creta. Quando o rei Minos se recusou a sacrificar o animal, Poseidon fez com que a rainha, Pasífae, se apaixonasse por ele. Uma rainha e um touro – lembre-se de que, no mito, tudo vale. A rainha e Dédalo construíram uma vaca de madeira na qual ela se escondeu e, assim disfarçada, consumou o ato. Dessa união, Pasífae gerou o Minotauro, um monstro com a cabeça de touro e o corpo de homem.

Para não revelar a desgraça de sua esposa ao público, Minos decidiu prender e esconder o Minotauro. Ele pediu a Dédalo que construísse um intrincado quebra-cabeças de câmaras e passagens, um labirinto. O rei colocou o monstro no labirinto e o alimentava com os humanos que obrigava os atenienses a enviar como tributo. O herói grego Teseu, para pôr fim a esses sacrifícios sem sentido, ofereceu-se como uma das vítimas. Uma vez lá, ele matou o Minotauro e escapou do labirinto seguindo um barbante até a entrada.

Em fúria, ao descobrir que era possível escapar do labirinto, Minos aprisionou Dédalo e Ícaro cercados por altos muros. Para fugir, o inventivo Dédalo fez dois pares de asas de penas e cera. Dédalo orientou Ícaro a manter a altitude baixa sobre o mar, evitando aproximar-se do Sol. Mas o garoto, em sua animação, voou alto demais. O Sol derreteu suas asas, ele caiu no mar e afogou-se. Seu pai, que seguiu todas as normas oficiais de aviação, voou até a Sicília em segurança.

Depois do trágico evento, o rei Minos acionou uma investigação. Primeiro, torturou e botou fogo no oficial que transmitiu por rádio as instruções para chegar à Sicília. Depois, um consultor de engenharia testemunhou que as asas foram bem projetadas e poderiam ter funcionado bem na altitude atingida por Ícaro. Isso conduziu à descoberta de que materiais defeituosos foram utilizados, e também revelou outras deficiências nos contratos militares por trás do desastre. E o pior ainda estava por vir: a investigação revelou que os contratos para a Reforma da Cozinha da Dona Maria e com a Empresa de Aviação haviam sido superfaturados.

Algumas coisas nunca mudam.

Hércules

Permita-me apresentar-me. Nas lendas gregas sou conhecido como Héracles, o deus da força física, mas você provavelmente me conhece pelo meu nome romano, Hércules.

Eu tive uma infância difícil. Minha mãe era uma simples mortal, mas meu pai era o rei dos deuses – Zeus. Na época, meu pai estava casado com a deusa Hera, que estava ultrajada com os galanteios sem fim do marido voltados a outras deusas e mulheres humanas. Minha mãe, Alcmena, sabia que, como mais um filho bastardo de Zeus, eu teria problemas com Hera. Mamãe tentou impedir os problemas me dando o nome de Héracles – "a glória de Hera" –, mas isso não funcionou.

Enquanto eu ainda era criança, Hera mandou duas cobras para me matar. Me contaram que eu já era tão poderoso que esmaguei as víboras só com as mãos. Esse era o prenúncio de como eu seria como adulto, quando me tornei a incorporação da força – reconhecido com o homem mais forte de todos os tempos. Imagino que meu encontro com as cobras tenha estimulado meu apetite por perigo e morte, porque essas características marcaram minha idade adulta.

Casei-me com Megara, a filha do rei Creonte, e tivemos alguns filhos antes que a nazista da Hera nos encontrasse. Ela me fez ter um ataque e, enquanto durou o feitiço, matei minha esposa e meus filhos.

Como punição, o deus Apolo me sentenciou a trabalhos forçados. Meus primeiros trabalhos foram matar um leão, eliminar um monstro de múltiplas cabeças que morava em um pântano e capturar uma corça com chifres de ouro. Depois que consegui fazer tudo isso, consegui abrir o processo para entrar em liberdade condicional. Mas, mesmo apesar de eu ter sido um prisioneiro-modelo, minha solicitação foi recusada. Estava eu sentado na minha cela, com dó de mim mesmo, quando um guarda entrou.

"Anime-se, 'Músculos'. O rei Augeas precisa de uma mão na fazenda e você será enviado."

"Que tipo de ajuda?"

"Uma limpezinha."

Limpezinha uma ova. O velho queria que eu limpasse seus estábulos. Agora, pode não parecer tão difícil, mas o estábulo tinha mais de mil cabeças de gado e não havia sido administrado por várias décadas. As pilhas de esterco estavam do tamanho de montanhas. E o pior é que, de acordo com o contrato de serviço, eu tinha que fazê-lo em um único dia. Usei de engenhosidade. Cavei um canal de um rio próximo até a porta de uma das extremidades do estábulo e uma trincheira de saída no outro lado. Então desviei o rio para o estábulo, e a sujeira toda foi levada em uma correnteza até quase 2km de distância. No dia seguinte recebi várias intimações da Agência de Proteção Ambiental e ainda mais uma do governo federal. Algo sobre poluição e contaminação do solo. Eu não entendi nada, então enviei tudo para os advogados dos deuses.

Quando voltei a meus serviços, tive de matar um bando de pássaros comedores de homens, eliminar um touro que cuspia fogo e destruir uma manada de cavalos carnívoros. Feito isso, o diretor da prisão me mandou de volta ao trabalho. Por algum motivo pervertido, ele queria que eu lhe trouxesse o cinturão de Hipólita, a rainha das Amazonas. "Tudo bem", eu disse, "se isso o excita...". E parti para a empreitada.

Acontece que a mocinha era nada menos que irmã de Apolo e vivia como uma selvagem com uma gangue de moças às margens do rio Bósforo. Eu peguei o cinturão e ganhei uns pontos extras trazendo também seu machado de guerra. Não adiantou nada; eles mais uma vez indeferiram meu pedido de liberdade condicional.

Meu próximo trabalho era resgatar umas maçãs de ouro que pertenciam à minha deusa da punição e da vingança, Hera. Quando trouxe as maçãs de volta, disse à direção do presídio que queria ser liberado por bom comportamento, mas me informaram que eu ainda tinha muitos anos a cumprir. Depois que entrei em greve de fome, chegamos a um acordo. Eu só tinha que cumprir mais uma tarefa, mas nessa aventura eu teria de encarar um verdadeiro e literal "filho de uma cadela". O chefe decidiu que queria um cachorro. Não um poodle bonitinho, mas Cérbero, o cão de três cabeças que guardava a entrada do submundo. Acabou sendo mais fácil do que eu pensava. Me escondi sob uma rocha e, quando a fera chegou perto, estiquei minha perna. O bicho mordeu a isca e fechou suas mandíbulas na minha canela. Ele ficou grudado lá durante todo o caminho de volta a Argolis.

Finalmente, fui liberado para um centro de reabilitação. Zeus ficou com pena de mim e mandou Hera pegar mais leve. Então ele enviou Atena em uma biga para me levar até o Olimpo, onde fez de mim um deus. Eu estava enfim livre. Enfim livre. Pelo todo-poderoso Zeus, eu estava enfim livre.

Um homem em ascensão:

Em 1970, Arnold Schwarzenegger – o atual governador da Califórnia – estreou no cinema interpretando Hércules em *Hércules em Nova York*.

2

Contos populares

Imagine a situação: uma jovem esposa e seu marido estão cansados de ter o pai dela comendo à mesa porque o velhinho sempre derruba a comida e os utensílios. Eles fazem com que ele se sente no canto da sala e lhe dão uma tigela barata de madeira com a comida. Mais tarde, o casal encontra seu filhinho brincando de fazer uma tigela de madeira. Ele está praticando para o dia em que tratará seus pais da maneira como os viu tratando seu avô. Isso não é um enredo de uma peça de Arthur Miller;[1] é um dos contos populares compilados pelos irmãos Grimm, na Alemanha do século XIX.

Os contos populares podem se originar de qualquer narrativa em qualquer lugar. Uma história sobre um vizinho que tirou uma longa soneca pode ser a origem de Rip Van Winkle.[2] E você poderá encontrar diferentes versões de cada lenda, já que contar histórias é uma arte muito parecida com o jazz – tudo depende da performance. As histórias de Mark Twain[3] e Garrison

---

[1] *Nota da Tradutora*: Dramaturgo, ensaísta e escritor americano (1915-2005) famoso por seus ataques cáusticos a pessoas que conseguem fortuna e sucesso em detrimento dos princípios.

[2] *Nota da Tradutora*: Conto do escritor americano Washington Irving (1783-1859), no qual o personagem adormece e acorda vinte anos mais tarde, descobrindo que sua esposa e seus amigos estão mortos e tendo de lidar com todas as mudanças históricas ocorridas nesse meio-tempo.

[3] *Nota da Tradutora*: Escritor, humorista e palestrante americano (1835-1910) internacionalmente conhecido principalmente por seus personagens Tom Sawyer e Huckleberry Finn.

Keillor[4] poderiam ter terminado como contos populares se tivessem sido escritas no século XIII.

Essas histórias são normalmente feitas para servirem de lição a crianças ou são relatos de eventos impossíveis ou exagerados que alimentam as conversas de bar. A maioria delas não trata de grandes buscas ou personalidades, mas de animais, pessoas comuns e problemas e escolhas da vida cotidiana. E nem todas essas lendas tratam de assuntos agradáveis.

Para aqueles que desejam um entendimento mais profundo desse gênero, sugerimos *Na terra das fadas*, de Bruno Bettelheim. Para todos os outros, continuem lendo. Papai Noel os aguarda.

Papai Noel

Ele está no primeiro lugar do ranking da *Forbes* dos 15 personagens fictícios mais ricos e famosos, onde está listado como tendo fortuna infinita.

As crianças eventualmente abandonam a crença no Papai Noel místico e aprendem a lidar com o fato de que ele é o tio gordinho e fantasiado que traz presentes com os mais esfarrapados motivos – porque elas comeram todas as verduras e foram boazinhas durante o ano inteiro. Mas a lição principal é outra: nós temos direito a todos esses presentes simplesmente porque ainda é possível arcar com as despesas. Não é necessário justificar os presentes na base do mérito. Graças ao Papai Noel, não precisamos *merecer* um tratamento especial; o simples fato de não termos aleijado ninguém ou iniciado nenhum incêndio durante o ano é o suficiente para garantir essa generosidade. Em teoria, somente crianças boazinhas recebem presentes, mas todos sabemos o quão pouca teoria a realidade pode conter.

Papai Noel começou como uma pessoa real, como ocorre com muitos personagens fictícios. Nicolau, de Patara, viveu no final do século III e começo do século IV na região da atual Turquia. Seus abastados pais o criaram como um cris-

---

[4] *Nota da Tradutora*: Escritor americano de romances, livros infantis e poesia, humorista, colunista, músico e apresentador de rádio contemporâneo (1942-), conhecido por seus monólogos inteligentes e em tom monótono, e suas frases de impacto.

tão devoto no início dessa crença. Nicolau obedeceu as instruções de Jesus para "vender tudo o que possui e dar o dinheiro aos pobres" (Mateus 19:21 e Marcos 10:21). Nicolau se tornou o bispo de Mira ainda jovem e foi amplamente conhecido por sua generosidade para com os pobres e amor pelas crianças.

O bispo Nicolau foi inicialmente perseguido por sua fé, mas o imperador romano Constantino acabou com essa prática quando se converteu ao Cristianismo e fez dele a religião oficial.

Quando o Conselho de Nicéia decidiu os detalhes da religião católica romana moderna, em 325, Nicolau estava presente. Alguns anos depois, Nicolau morreu e o aniversário de sua morte é lembrado como o dia de São Nicolau, em 6 de dezembro.

Com o passar dos séculos, Nicolau foi associado com histórias, lendas e milagres em benefício dos pobres. Uma história relata o caso de três pobres irmãs que precisavam de dotes para se casar. Cada uma milagrosamente recebeu um saco de ouro jogado para dentro da casa por meio de uma janela aberta e caindo em uma meia deixada para secar na frente do fogo. Essa é a origem do costume de pendurar meias no Natal.

Em seu papel de santo patrono dos marinheiros, a reputação e as histórias de Nicolau passaram de porto em porto até chegar a todos os continentes, espalhando a lenda ao longo dos séculos. Ele se tornou o santo patrono da Sicília e da Grécia, de muitas cidades na Alemanha, Suíça, Áustria, Rússia, Bélgica e Holanda, bem como da Apúlia, uma região da Itália. Há mais de 2 mil igrejas com o nome dele, incluindo 300 na Bélgica e pelo menos 400 na Inglaterra.

Vamos avançar rapidamente para o século XVII e o Novo Mundo. Os holandeses conheciam o São Nicolau como Sinter Klaas; por isso o nome foi anglicizado para "Santa Claus".[5]

John Pintard, fundador do The New York Historical Society, adotou São Nicolau como o santo patrono tanto de Nova York como da Sociedade Histórica. Em 1809, Washington Irving ingressou nessa sociedade sob o pseudônimo de Diedrich Knickerbocker e publicou a satírica *History of New York*, fazendo várias referências a uma figura alegre de São Nicolau, e assim nasceu a ca-

---

[5] *Nota da Tradutora*: No Brasil, o nome Papai Noel vem do francês, Père Nöel.

ricatura do Natal. No começo do século XIX, Irving também contribuiu para uma outra parte da lenda quando descreveu São Nicolau voando em seu trenó acima das árvores e trazendo presentes para as crianças. Isso foi em uma época quando os trenós eram o modo rotineiro de viajar durante o inverno, mas puxados por cavalos, não por renas.

Em 1823, o poema de Clement Clark Moore, *Uma visita de São Nicolau* (também conhecido como *A noite antes do Natal*), estimulou a popularidade da figura alegre e preparou o terreno para ilustrações que evoluíram para um velhinho alegre, rechonchudo e com uma barba branca com a qual agora estamos acostumados, principalmente pelos esforços de Thomas Nast, o famoso ilustrador do século XIX.

Não é por acidente que Papai Noel é um dos poucos personagens associados com a cultura ocidental cuja entrada foi permitida nos países comunistas. Considere que tanto o Papai Noel quanto Karl Marx possuem grandes barbas brancas e acreditam em dar às pessoas o que elas querem sem se importar com o custo. E Papai Noel sempre aparece vestindo roupas vermelhas, a cor do comunismo.

Papai Noel fez propaganda de quase tudo, de refrigerantes a apólices de seguro. Ele foi tema de vários filmes, livros e músicas, e sua imagem foi imortalizada em um selo postal americano. Ele é o único personagem fictício que de fato recebe correspondência enviada pelos correios. Ninguém ousa sugerir que ele faça dieta – exceto talvez as renas sobrecarregadas. Papai Noel é o símbolo de tudo o que é certo com a celebração do solstício de inverno no hemisfério norte. Ele favorece crianças inocentes e motiva contribuições de caridade e, ao mesmo tempo, ainda mobiliza o comércio da temporada. A crença de uma criança no Papai Noel evapora quando ela cresce, mas os pais continuam a renovar a tradição. E assim vai, ano após ano.

Não, Virginia, Papai Noel não existe.[6] Viva com isso.

---

[6] *Nota da Tradutora*: Referência à carta enviada ao jornal *New York Sun* por uma menina de 8 anos, Virginia, que começava a duvidar da existência do Papai Noel. Em resposta, o jornal publicou um editorial em 21 de setembro de 1897, incluindo a famosa frase: "Sim, Virginia, Papai Noel existe".

O Flautista Mágico

O Flautista Mágico é único entre personagens lendários porque aparentemente foi um personagem fictício inventado para explicar um evento real: o desaparecimento de 130 moradores da vila de Hamelin em 26 de junho de 1284. Advertimos: esta não é a lenda que você conhece.

Segundo a versão mais comum, o Flautista Mágico foi contratado pela população da vila para livrá-los da praga dos ratos. Ele fez isso com sua habilidade musical mágica, conduzindo todos os ratos a um rio próximo, onde eles se afogaram. Quando o prefeito da cidade – em algumas versões, a cidade inteira – quebra o contrato, o Flautista muda a melodia e atrai muitas crianças da vila para longe, nas montanhas. Elas nunca mais foram vistas. Em outras versões, algumas crianças foram salvas; em um filme, uma criança manca não consegue acompanhar o grupo; em um outro relato, uma criança cega fica para trás e não sabe dizer aos adultos para que lado das montanhas as outras crianças foram. E ainda em outro filme, o prefeito que quebrou o contrato se curva à pressão dos pais das crianças perdidas e paga o Flautista, que traz as crianças de volta para casa, onde todos vivem felizes e livres de ratos para sempre.

Em inglês, ele é chamado de *Pied Piper* – o Flautista Sarapintado – por causa das roupas coloridas que usava, normalmente em vermelho e amarelo vibrantes. Em alemão, o Flautista Mágico é freqüentemente chamado de O Caçador de Ratos. A vila de Hamelin (também grafada como Hameln) é um lugar real localizado no centro-norte da Alemanha, cerca de 40km a sudoeste de Hanover.

A lenda surgiu pela primeira vez em cerca de 1440, em uma inclusão nas margens de um manuscrito do século XIV que ficou perdido até 1936. A lenda relata as crianças entrando em um túnel nas montanhas, pelo qual são levadas a uma outra parte da Europa – a Transilvânia é o ponto de chegada preferido, mas a Morávia também é mencionada, mesmo apesar de Hamelin ser separada de ambos os locais por centenas de quilômetros e várias cadeias de montanhas. Mas é neste ponto que a lenda assume origem plausível.

Especula-se, com base na realidade histórica e observando as similaridades lingüísticas nos nomes dos locais, que o Flautista era um agente de recrutamento. Ele foi contratado por um governante para recrutar pessoas para os novos assentamentos no Leste Europeu – regiões que tiveram grande queda populacional com as depredações dos vikings e ainda não tinham se recuperado.

Mas por que levar somente as crianças? Isso provavelmente representa um erro ou uma confusão de tradução combinados com uma característica sempre presente na realidade política. Os governantes sempre se consideraram pais austeros dirigindo cidadãos indisciplinados, como um pai lidera seus filhos. Houve época em que os cidadãos de uma vila eram chamados de "crianças da vila", e é provável que seja nesse sentido que o termo "crianças" aparece no mito do desaparecimento de 130 pessoas. Assim, a história provavelmente se refere a famílias inteiras, não somente à geração mais nova. Alguns anos mais tarde, esse mito foi misturado a uma outra história sobre uma infestação de ratos. (A desastrosa Cruzada das Crianças de 1212 também pode ter mexido com a imaginação de algumas pessoas.)[7]

A história foi incorporada em vários temas e mídias. Em 1803, Goethe escreveu um poema que foi musicado por Schubert em 1815; em 1842, Robert Browning escreveu um poema sobre a lenda; e Bertolt Brecht também interpretou a história em rima. A lenda está presente em várias óperas, balés, romances, músicas e filmes de animação (Disney, 1933) ou com atores (1957, 1972, 1981), incluindo alguns europeus. Vários filmes mudos (1911, 1926) foram meras dramatizações do poema de Browning. O primeiro filme de Elvis Presley foi intitulado *The pied piper of Cleveland* – em português seria O flautista mágico de Cleveland –, sobre o *disk jockey* Bill Randle; o filme nunca foi lançado.

Em uma versão para o cinema, o prefeito recusa o pagamento ao Flautista por ter livrado a vila dos ratos. Ele usa o dinheiro para construir uma elaborada torre de relógio para competir com a famosa torre de uma vila da região. A moral dessa versão é que as crianças valem muito mais do que uma rivalidade fútil com uma vila vizinha. É claro que, nessa versão sanitizada, as crianças voltam para casa.

---

[7] *Nota da Tradutora*: Mistura de fantasia e fatos reais que ocorreram em 1212 resultou na lenda de um rapaz conduzindo um grupo de crianças que marchavam com o objetivo de libertar a Terra Santa e culminando com a morte das crianças ou à sua venda como escravos.

A lenda foi provavelmente composta pelos habitantes remanescentes da vila de Hamelin, envergonhados por um número tão alto de cidadãos ter sido atraído pela promessa de uma vida melhor longe de sua idílica existência em Hamelin. Como a vida poderia ser melhor do que aqui em Hamelin? Não faz nenhum sentido. Eles só podem ter sido ludibriados por algum mágico para abandonar suas casas e seus amigos.

Em inglês corrente, a expressão "*pay the piper*", que significa "pagar pelos prazeres", nos lembra que se recusar a pagar alguém pode ter conseqüências muito desagradáveis.

João e Maria

João e Maria são personagens de um conto de fadas que nos traz uma mensagem importante. Devemos confiar em nossas forças e iniciativa para desenvolver estabilidade pessoal em um mundo ameaçador e caótico. Três urras para as crianças. Mas, no final das contas, a história causa danos, considerando o aspecto negativo do resto do pacote em relação às mulheres. Uma vaia para o escritor.

A história mostra duas vilãs que, independentemente, ameaçam a vida dos indefesos Joãozinho e Maria. No conto registrado e revisado pelos irmãos Grimm, na Alemanha do século XVII, João e Maria têm uma madrasta que reforça o estereótipo de que madrastas são más. (Uma idéia que Charles Perrault também tentou nos vender na história de Cinderela.)

O pai das crianças, um pobre lenhador, casou-se novamente depois da morte da primeira esposa. Quando a história começa na modesta cabana onde ele e sua família vivem, descobrimos que uma grande penúria se abate sobre a região e não há comida suficiente para as quatro pessoas sob seu teto. Esse pai, não muito útil, não sabe o que fazer, mas a madrasta tem uma solução em mente. Eles se livrariam das crianças levando-as para a floresta, uma prática comum na época. Na verdade, a idéia pode, por vezes, ter soado interessante aos pais de adolescentes no mundo moderno, mesmo sem a fome.

Na primeira tentativa, os pais levam as crianças para a floresta e os abandonam lá, mas João e Maria encontram o caminho de volta. Alguns dias depois, os pais levam as crianças de novo para a floresta e, dessa vez, as crianças se perdem. Eles vagueiam pela floresta por dois dias. Então, um passarinho muito solícito os guia para uma casa feita de pão e açúcar e as crianças acham que é o fim de seus problemas. Elas não somente encontraram um abrigo, mas um abrigo que elas podem comer. Entretanto, na casa vive a segunda mulher má da história, uma bruxa feia e canibal. Assim, não só os seus problemas não estão resolvidos, como são intensificados – eles correm o perigo de serem comidos pela velha feiticeira. Sua sorte vira quando Maria mata a bruxa empurrando-a em um forno quente. Em seguida, as crianças voltam para casa e, para sua felicidade, descobrem que sua madrasta havia morrido.

Em um critério injusto de dois pesos e duas medidas, que ainda apreciamos nos dias de hoje, as crianças não culpam o pai pelos seus problemas. Pelo contrário, agora que as duas mulheres malvadas estão fora do caminho, eles se vêem novamente seguros em casa. E até se beneficiaram da aventura, por terem trazido alguns objetos preciosos da casa da bruxa. E, é claro, eles vivem felizes para sempre.

Esse conto de fadas é um verdadeiro balaio de gatos em relação a valores, com o ponteiro da balança apontando para o lado negativo e prejudicial para a delicada mente das crianças. Esse conto popular, como ocorre em muitos outros alterados e registrados pelos irmãos Grimm, na Alemanha, ou por Charles Perrault, na França, apresenta as mulheres como estereótipos baseados na aparência – se elas são feias, elas são más –, uma noção que não deveríamos perpetuar. E a idéia de que as madrastas são malvadas é uma calúnia já morta e passou do tempo de enterrá-la. Uma outra lição inaceitável da fábula é: nunca confie em seus pais.

As lições que podemos aceitar é: mantenha distância de estranhos, resista a uma dieta de alta glicose e evite a todo custo o conselho de pássaros, independentemente de suas boas intenções.

Cinderela

A história de Cinderela, essa inocente vítima da opressão, tem sido, com pequenas variações, parte de toda e qualquer cultura. Ela pode ter surgido no passado distante entre os chineses, cujos aristocratas apreciavam pés pequenos. A versão popular hoje em dia foi transcrita da tradição oral nos anos 1600 por um francês, Charles Perrault, e transformada em filme por Walt Disney, em 1950.

A influência prejudicial de Cinderela lançou uma sombra sobre nós. Ela personaliza uma distorção de realidade, a realidade na qual se espera que nossas recompensas sejam merecidas.

Uma das características sinistras da história é a idéia de que as madrastas são más. Na verdade, não podemos nem pensar na palavra "madrasta" sem mentalmente acrescentar o adjetivo "má" a ela. Além disso, Cinderela reforça a mentalidade passiva daqueles que aceitam sua carga de opressão na vida enquanto esperam que forças místicas venham a seu auxílio.

No final, Cinderela se torna uma princesa e perdoa sua madrasta e as irmãs adotivas opressoras, apesar de sabermos que elas deveriam ser processadas por abuso infantil.

Cinderela é patética, mas nos apaixonamos pela idéia de que a tonta vencerá no final. Para esse fim, uma fada madrinha lhe dá roupas elegantes para que ela consiga atrair os olhares do príncipe que, por acaso, está justamente procurando uma mulher para se casar. Enfeitada com suas roupas espalhafatosas e jóias vistosas, Cinderela chama sua atenção em um baile onde não é nada além de um cabide de roupas. Ela não fez nada para merecer as atenções. Ela não merece nada, exceto, talvez, o salário mínimo em casa. E, mesmo assim, consegue fazer com que o príncipe se case com ela. Não é essa a lição que deveríamos ensinar às nossas crianças. Há valores mais importantes do que boa aparência, roupas finas e enfeites caros – inteligência, independência, auto-estima, responsabilidade e automotivação – e nenhum deles caracteriza Cinderela.

Vamos deixar a mentalidade da Cinderela de lado e apresentar às crianças os valores genuínos na vida, isto é, que elas precisam merecer suas recompensas. E, enquanto fazemos isso, vamos nos livrar da atitude de que somos malvados se gritarmos para nossos filhos: "Arrume o seu quarto!"

É uma velha história:

A fábula originou-se na China mais ou menos no ano 860, em *The Miscellaneous Record of Yu Tang* (O variado registro de Yu Tang), por Tuan Ch'eng-Shih.

3

Lendas

Histórias como a do Rei Artur e seus Cavaleiros da Távola Redonda e as aventuras de Robin Hood são lendas que nossos pais nos contam com um sorriso no rosto. Trata-se de um mundo mágico, que apresenta às crianças as possibilidades humanas. Merlin ao transportar os grandes pilares de Stonehenge... Guilherme Tell ao atirar uma flecha em uma maçã posicionada na cabeça do próprio filho... esses são os ingredientes de, digamos, lendas.

Algumas dessas histórias podem ser baseadas em eventos reais, mas ninguém jamais saberá com certeza. As lendas nos informam de nossos valores, nossas raízes, nossa cultura e eventos românticos demais ou individuais demais para serem registrados em relatos oficiais.

Como consideramos as pessoas nesta seção personagens fictícios? Foi fácil: nada do que sabemos sobre elas é fato incontestável ou a maior parte de nossas histórias favoritas é, sem sombra de dúvida, obra de ficção. O script do filme *Robin Hood*, com Kevin Costner, provavelmente não foi tirado das escassas crônicas dos anos 1190.

São Valentim existiu de fato? Isso não significa que a história seja confiável. Gawain estava mesmo procurando o Santo Graal ou era só uma desculpa para fugir de casa?

O mais importante e real nesses personagens são suas paixões, sabedoria, estratégias e heroísmo.

Lilith

Essa mulher é muito importante por seu envolvimento em tantos fatos inéditos. A história de Lilith é antiga, de forma que não temos como conhecer sua origem. Lilith aparece em uma inscrição suméria de 4 mil anos, onde ela é um espírito maligno, uma bruxa, no épico *Gilgamesh*. É representada como um demônio feminino com asas. Aparece também em histórias canaanitas. Dessas várias origens, ela adentrou no mito judeu como a primeira esposa de Adão.

Lilith não aparece na Bíblia. É na interpretação rabínica das escrituras judaicas, datadas do tempo do exílio na Babilônia, que podemos encontrá-la. De acordo com os homens que tramaram a história, Deus a criou a partir de sujeira e lama, não do puro pó da terra, como fez com Adão. Para estabelecer o princípio do patriarcalismo desde o começo, Adão exigiu que Lilith se rendesse a seus desejos e ficasse deitada durante o sexo. Mas ela foi a primeira feminista e recusou-se a isso. Adão tentou forçá-la e quase tivemos o primeiro estupro da história. Mas Lilith, em fúria, escapou e tivemos a primeira separação seguida do primeiro divórcio.

Por considerar-se igual ao homem, os rabinos invocaram Deus para puni-la. Solicitaram à divindade que a criou como ela era que a punisse por ser daquela forma. As mulheres simplesmente não podem vencer. Em sua misericórdia infinita, Deus decidiu que ela poderia gerar somente demônios e mais de cem deles por dia. Como vingança, Lilith foi responsável pelas mortes de muitas crianças, e ela continua nesse frenesi sangrento até hoje.

Lilith não só matava crianças, mas, em um mito cristão da Idade Média, ela era um súcubo, uma criatura que copulava com os homens enquanto dormiam. Para impedir essas imposições carnais noturnas, os monges dormiam protegendo seus genitais com as mãos e um crucifixo. Judeus supersticiosos ainda protegem uma criança recém-nascida escrevendo "Lilith" nas paredes do quarto do bebê e riscando a inscrição.

Dentre os vários mitos da criação, descobrimos que Deus, sem se deixar abater por seu fracasso com Lilith, iniciou uma série de experimentos. Ele fez uma mulher usando ossos, músculos e sangue e a cobriu com pele e tufos de cabelo. Mas Adão não ficou contente, então Deus tentou de novo, usando uma das costelas de Adão.[1] Para melhorar sua criação, Deus a decorou com jóias, e assim foi que o otário se encantou por ela. Uma pena. Se Adão tivesse ficado com Lilith, mesmo em termos de igualdade, imagine como o mundo seria melhor. Ainda estaríamos no Jardim do Éden, onde ninguém teria de morrer ou suportar os problemas e tormentos hoje em dia associados com a vida. Temos de suportar todas essas coisas terríveis porque Adão, em sua atitude em relação a Lilith, foi o primeiro porco chauvinista masculino.

Rei Artur

O mítico Rei Artur foi tão importante no imaginário inglês que, por centenas de anos, muitos de seus reis e rainhas basearam sua legitimidade ao trono no relacionamento sangüíneo com ele.

Artur foi tema de investigações acadêmicas por bem mais de um século, com várias dezenas de pessoas escrevendo centenas de livros e milhares de artigos científicos somente nas últimas duas décadas. Todos estiveram tentando retirar as camadas de mito para estabelecer, conclusivamente, se uma pessoa como Artur poderia ter existido. Os estudiosos estão chegando à frustrante conclusão de que não há nada nas lendas que seja firmemente estabelecido como real, mas o mistério e a fascinação por Artur permanecem.

Na lenda, Artur foi coroado na cidade fictícia de Caerleon-on-Usk e tornou-se o Rei dos Bretões. Ele tinha a lealdade de centenas de homens poderosos, à frente dos quais estavam os Cavaleiros da Távola Redonda, símbolos do estilo de governo de Artur, popular e de inclusão. Artur, no entanto, nunca acompanhou seus cavaleiros em suas aventuras.

Depois de mais de uma década de relativa paz, Artur montou um exército e conquistou a maior parte do norte da Europa, da Noruega à Islândia, mas, ao estender sua conquista à Gália, teve de interromper a missão e retornar à

---

[1] *Nota dos Autores*: Trata-se de um ponto potencialmente desastroso na história humana. Estaríamos todos aqui se, depois de Deus ter removido a costela, o cachorro de Adão pegasse o osso e o enterrasse?

Bretanha ao descobrir que Mordred, seu sobrinho, havia usurpado sua coroa e sua rainha.

O exército de Mordred encontrou Artur e seus seguidores em Cornwall, Gales. Em Camlann, às margens do rio Cam, os exércitos dizimaram um ao outro e Mordred foi morto. Artur foi mortalmente ferido e morreu alguns dias mais tarde, aos 40 anos.

A lenda aparece como uma série de histórias inventadas, levemente baseadas em poemas gauleses e tradições do século VII. A história ganhou destaque no século IX, quando surgiu a obra *A história da Bretanha*, atribuída a um monge gaulês chamado Nennius. Nennius concluiu essa lenda com uma mensagem espiritual: Artur retornaria e viria em ajuda da Inglaterra em uma época futura de grande necessidade. Aparentemente a Primeira e a Segunda Guerras Mundiais não se qualificaram.

Em 1135, Geoffrey de Monmouth escreveu *A história dos reis da Bretanha*, na qual embelezou a lenda. Inventou a Dama do Lago, Merlin, a fada Morgana, a Rainha Guinevere, a busca pelo Santo Graal e Sir Galahad. Então Chrétien de Troyes, um escritor francês do final do século XII, acrescentou donzelas em perigo e amor espiritual. Em 1470, Thomas Malory escreveu *A morte de Artur*, na qual adicionou a história de Artur retirando a espada, Caliburn, de uma grande rocha para estabelecer-se como o rei por direito. Malory também criou uma segunda espada, a Excalibur, que Artur recebeu da Dama do Lago, além de Camelot, a magia de Merlin, o código de honra dos cavaleiros e o romance ilícito entre Lancelot e a Rainha Guinevere.

Quando Henrique II tornou-se o primeiro membro da família Plantagenet a ascender ao trono da Inglaterra em 1154, afirmou sua legitimidade por meio da lenda do Rei Artur. Da mesma forma, declarou ser descendente de Artur para justificar sua conquista da Irlanda, em 1171. Quando Elizabeth I tornou-se rainha em 1558, Edmund Spencer escreveu *The Faerie Queene* (A rainha das fadas), renovando a lenda de Artur, que ela usava para sustentar suas ambições imperialistas. Eduardo I proclamou-se descendente de Artur para validar seu controle de Gales e da Escócia. Edward III criou uma Távola Redonda para reforçar sua relação com Artur. Tanto Eduardo IV quanto Henrique VII fortaleceram sua autoridade traçando sua linhagem para relacionar-se a Artur, e Henrique VIII referiu-se a Artur quando declarou sua independência em relação ao Papa, em 1534. James I afirmou ser descendente de Artur para justificar a união da Escócia com a Inglaterra sob um só rei.

De fato, Artur provou ter sido a mais importante base para a monarquia na Bretanha. Para os ingleses e para a maior parte mundo anglofônico, Artur foi mais do que um rei: ele incorporou a idéia e o ideal de realeza e os padrões pelos quais os monarcas são avaliados.

Artur e sua lenda inspiraram peças, filmes, musicais, programas de televisão, artigos de jornal, livros e quadrinhos. Do século XIV aos dias de hoje, ele é o modelo de coragem, competência e bom governo.

Uma possível confusão:

Há duas espadas na lenda e a confusão se mantém até hoje. Caliburn era o nome da espada que Artur tirou da rocha. Excalibur era o nome da espada que Artur recebeu da Dama do Lago. A Excalibur substituiu a Calibur, quebrada durante uma batalha.

Robin Hood

Robin Hood foi uma excelente pessoa. Roubava dos ricos para dar aos pobres. Essa é uma associação solidamente firmada em nossa psique, apesar de provavelmente nunca termos parado para pensar no assunto. Então, vejamos esse herói um pouco mais de perto.

Apesar de todos os mitos, lendas, contos de fadas, baladas e histórias fantásticas sobre ele, Robin Hood não fez nada. Mesmo com todos os roubos dos ricos para dar aos pobres, os ricos permaneceram ricos e os pobres continuaram pobres. O rei pode ter perdido alguns veados, mas manteve todo seu poder – todos permaneceram em suas classes sociais. Nenhuma das histórias mostra Robin com qualquer pensamento revolucionário sobre reformar a sociedade, mas, mesmo assim, o adoramos. Entretanto, devemos manter em mente que, se essa lenda tivesse sido inventada ontem, ele seria um brutamontes, assaltante de lojas de conveniência no subúrbio, que ficava com o dinheiro para cobrir suas despesas e que daria os pacotes de salgadinhos industrializados para um mendigo que dorme na calçada em frente à loja. Hoje em dia, "tirar dos ricos para dar aos pobres" tornou-se trabalho do governo. Por exemplo, encontramos esse conceito na Great Society, do Presidente Lyndon Johnson,[2] também conhecida como programa de bem-estar social.

O primeiro autor a mencionar Robin Hood foi William Langland em seu poema de 1377, *Piers the Plowman* (Piers, o lavrador). A lenda de Robin Hood foi desenvolvida, geração após geração, para encaixar-se na fantasia de cada era. O mais antigo Robin Hood era um homem comum que caçava ilegalmente na floresta de Barnsdale (não de Sherwood).

Se analisarmos a história inglesa, encontraremos: Robert Hood, fugitivo no norte da Inglaterra em 1226, William Robehod, um fora-da-lei de Berkshire em 1262, e Gilbert Robynhod, um ladrão de Sussex em 1296. Mas nenhum deles foi a inspiração para o mito.

Todas as histórias de Robin Hood compartilham dois temas principais: caça ilegal em florestas reais e xerifes malvados. Robin era o arqueiro mais habilidoso da Inglaterra, mas não se tornou herói saxão combatendo os opressores normandos até que Sir Walter Scott lhe concedeu papel secundário em seu romance de 1819, *Ivanhoé*.

No século XV, vemos Robin celebrado em canções e baladas. Seus amigos eram cavaleiros, escudeiros e homens comuns e seus inimigos eram defensores da lei, bispos e arcebispos. Hollywood o levou para as telas em vários filmes, dos quais o melhor é *As aventuras de Robin Hood* (1938), estrelando Errol Flynn.

A popular história inclui vários episódios heróicos: Robin vence um concurso de arqueiros com precisão surpreendente, ajuda o Rei Ricardo a recuperar o trono e resgata Marian do maligno Príncipe João. A história é tão conhecida que se presta à paródia. Mel Brooks feriu o mito, quase de forma fatal, com filme *A louca história de Robin Hood* (1993). O herói recebeu outro golpe da série de televisão *Monty Python's Flying Circus*, na qual Dennis Moore é um personagem cômico que imita Robin Hood. Um de seus seguidores diz a ele

---

[2] *Nota da Tradutora*: Presidente dos Estados Unidos entre 1963 e 1969; seu programa Grande Sociedade foi promulgado com o principal objetivo de combater a pobreza e a injustiça racial.

que, se ele tirar dos ricos e der para os pobres, os ricos ficarão pobres e os pobres ficarão ricos. Moore fica abalado. O esquema era mais complicado do que ele pensava. E a isso podemos dizer amém.

Guilherme Tell

O relato inspirador de Guilherme Tell se passa no final do século XIII. Ele era um homem de independência e honra, que se recusava a respeitar os tiranos estrangeiros que controlavam sua terra natal. Sua resistência incitou a expulsão dos governantes austríacos e uma nova nação, a Suíça, nasceu. Isso seria realização impressionante para qualquer pessoa, mas, para uma pessoa imaginária, é particularmente notável.

O confronto supostamente começou quando o Imperador Alberto de Hapsburg nomeou Hermann Gessler como o governador local da região de Uri. Gessler colocou um chapéu em um poste na praça de Altdorf como símbolo do poder imperial e decretou que todos os passantes deveriam prestar suas honras ao chapéu como sinal de subserviência à autoridade austríaca. Guilherme Tell cruzou a praça sem expressar seu respeito ao chapéu e, por ordem de Gessler, foi preso. Como punição, Gessler mandou Tell, reconhecido por ser um excelente arqueiro, atirar em uma maçã posicionada na cabeça de seu filho.

Tell, abalado pelas possibilidades, mirou o arco, a flecha foi lançada e a maçã se partiu ao meio. O governador reparou que, antes de atirar, Tell tinha uma outra flecha em seu cinto, pronta para a ação. Gessler perguntou por quê. Tell, ainda emocionalmente agitado, revelou: “Era para você. Se eu tivesse acertado meu filho, saiba que você seria o próximo.”

Alguns dias mais tarde, para se vingar daquela situação, Tell matou Gessler. Depois disso, os cidadãos oprimidos se revoltaram contra os austríacos e a Suíça se tornou país independente em 1315.

De todos os personagens deste livro, Guilherme Tell é aquele que as pessoas mais acreditam que tenha sido real, e por um bom motivo. Em Altdorf, no local do limoeiro no qual o filho de Tell foi supostamente amarrado, há uma grande placa comemorando o evento. E uma estátua em tamanho real do arqueiro infalível foi erguida no local onde dizem que ele estava no momento do tiro. No arsenal de Zurique, pode-se ver o arco que supostamente foi utilizado nesse feito incrível. O arco é considerado emblemático da Suíça e aparece em muitos documentos oficiais, incluindo selos postais.

Entretanto, ninguém chamado Tell é mencionado em nenhuma das várias crônicas escritas na época em que ele supostamente viveu. De fato, a primeira menção a ele foi em uma balada escrita aproximadamente em 1470. Isso foi mais de 160 anos depois da batalha de Morgarten e da independência da Suíça.

John de Winterthur, um monge suíço e cronista excepcional da Idade Média, estava vivo na época da rebelião e descreve todos os incidentes detalhadamente, mas sem fazer nenhuma menção a Guilherme Tell. Em 1598, François Guillimann expressou as primeiras dúvidas sobre a lenda, em seu trabalho sobre antigüidades suíças, considerando a história como uma fábula pura – mas ele proclamou sua crença nela, mencionando sua popularidade! Em 1835, o historiador suíço Joseph Kopp conduziu exaustiva pesquisa nos arquivos suíços e concluiu que Guilherme Tell nunca viveu e ninguém chamado Gessler jamais governou o local.

Muitos heróis míticos anteriores formam a base para a história. Saxo Grammaticus, um dinamarquês, escreveu uma lenda, de Palnatoki, em 950. Em um poema pérsio, Farid-Uddin Attar (nascido em 1119) escreveu sobre um príncipe que foi forçado a atirar em uma maçã na cabeça de seu pajem favorito. Na *Saga de Thidrik*, da Islândia, o herói, que lembra muito Tell, é Egil. Na literatura norueguesa, há duas histórias com os mesmos eventos principais. Na literatura inglesa, a *Ballad de William de Cloudeslee* tem a mesma trama. E há relatos similares na Índia, Alemanha, Finlândia, Turquia e Mongólia. John Fiske, em 1870, sugeriu uma origem comum na Ásia Central para todas essas histórias. A história foi transportada para o teatro por Schiller (1804) e para a ópera por Rossini (1829). O espírito da resistência e da rebelião pode ter tido participação nas revoluções européias de 1848.

Em todas essas histórias, um arqueiro infalível, por causa do capricho de um tirano, atira em um pequeno objeto, como uma maçã, uma noz ou uma moeda, na cabeça de uma pessoa querida. O arqueiro sempre tem uma segunda flecha pronta, para, com ela, matar o tirano, e o tirano pergunta ao arqueiro por que ele a estava carregando – sempre recebendo a mesma resposta mal-educada.

Mas, mesmo assim, sugerimos levar o mito de Guilherme Tell a sério. Em 1760, Simeon Uriel Freudenberger, de Berna, foi condenado pela região suíça de Uri a ser queimado vivo por publicar sua crença de que a história de Guilherme Tell tinha origens em um antigo mito dinamarquês e os exemplares da versão francesa de sua obra foram queimados em Altdorf.

As coisas mudaram na Suíça desde então (veja o quadro a seguir). O escritor suíço Max Frisch certamente fez sua contribuição para essa mudança de percepção com seu romance *Wilhelm Tell für die Schule* (Guilherme Tell para escolas), de 1971, no qual os famosos eventos foram contados como uma série de coincidências e falhas e conseqüências do pensamento estreito e do oportunismo de camponeses não muito abertos e, ainda, não educados. Desde então, o arco foi retirado como símbolo da Suíça.

A história de Guilherme Tell é poderoso exemplo de um simples mito sendo mais verossímil e inspirador do que uma história real.

Tell, o arqueiro:

A lenda relata Tell usando o arco e a flecha ou uma besta e uma flecha curta. A besta, uma arma de maior precisão, teria tido menos chances de erro a uma curta distância, mas o tempo mais longo necessário para carregá-la o colocaria em risco ao tentar um segundo tiro. As flechas de uma besta às vezes são feitas de metal e, por serem muito mais curtas, Tell poderia não precisar se preocupar com o risco de quebrar a segunda flecha, colocando-a em seu cinto, mas a flecha de madeira e mais longa poderia se quebrar nas mesmas condições. Fim da lição de artilharia.

Don Juan

Conhecemos Don Juan Pacheco, o Marquês de Vilhena e Mestre da Ordem de Santiago, como Don Juan, o sedutor de Sevilha, um rapaz muito, muito travesso. Tome cuidado para não confundi-lo com Casanova (1725-1798), um aventureiro italiano famoso por seduzir e roubar mulheres abastadas da alta sociedade em toda a Europa.

Don Juan é uma figura mítica originada no folclore da Espanha no século XVII e tornou-se o arquétipo moderno do "amante". No tempo em que essa lenda foi criada e desenvolvida, casamentos entre a aristocracia eram arranjados por motivos políticos e financeiros. A satisfação sexual normalmente tinha de ser buscada no adultério. Nesse sentido, a lenda de Don Juan teve papel importante na sociedade espanhola. Ele legitimou e enalteceu a prática do romance sexual e, em uma sociedade moderna, ele ainda representa o desejo de satisfação de quase todo homem, bem como de muitas mulheres.

Entretanto, podemos consertar a impressão de que esse famoso e influente personagem era um "amante". Ele não era. Ele era um canalha que reivindicava mais de mil conquistas, mas não se apaixonou por ninguém exceto por si mesmo.

Na lenda antiga, ele era um português e estava entre os maiores nobres da região. Ele era um rapaz esperto e ganhou a confiança do futuro rei da Espanha, Henrique IV de Castilha. Pelo hábil gerenciamento dos negócios importantes do futuro monarca, ele chegou à posição de marquês, com mais renda e estados do que nenhum outro aristocrata. Ele nunca se casou e morreu muito rico, aos 55 anos. O aspecto central da lenda é sua luxúria. Em várias histórias, ele gera muitas crianças bastardas. E é esse o aspecto de sua lenda que foi preservado.

Dentre as muitas variantes dessa história, temos a peça de Tirso de Molina, *El Burlador de Seville*; *O convidado de pedra*, uma peça de Molière; *Don Juan*, um poema épico de Byron; *Don Giovanni*, uma ópera de Mozart; e *Don Juan*, um poema sinfônico lírico de Richard Strauss.

Na peça de Tirso, Don Juan é um poderoso e perigoso psicopata com um lado negro que ao mesmo tempo nos atrai e nos repele. Ele é rápido em recorrer à espada para conseguir seus objetivos e não pede desculpas por seu comportamento. Ele é como os conquistadores do Novo Mundo; pega o que quer como se fosse por direito divino e não tem consciência moral alguma no que se refere às conseqüências.

No poema de Byron e na peça de Molière, Don Juan é impulsivo, irresponsável e hipócrita. Ele não tem noção de certo e errado e nenhum sentimento de culpa por seus maus atos. Vale notar que, enquanto criticava Don Juan, Byron estava tendo relações sexuais com sua própria meia-irmã.

Na ópera de Mozart, *Don Giovanni*, o patife está prestes a seduzir uma jovem dama da nobreza quando o pai dela, o *Commandatore*, o descobre. Eles se engajam em um duelo, Don Juan o mata e escapa. Algumas semanas mais tarde, ao voltar para a casa de uma de suas seduções bem-sucedidas, ele passa por uma estátua do Comandante morto e alegremente o convida para jantar. Surpreendentemente, a estátua chega ao local no horário combinado, pega o vilão pelo braço e o arrasta para o inferno.

No final, todos nós provavelmente terminaremos no inferno. Mas Don Juan fez mais para merecê-lo.

Don Juan tem seu início:

A lenda pode ser baseada no nobre espanhol do século XVII, Don Juan Tenorio. A primeira narrativa registrada de Don Juan é *El Burlador de Seville,* de Tirso de Molina, em algum momento entre 1620 e 1635.

Interlúdio

O método de classificação

Quando começamos este projeto, rapidamente pensamos em algumas dezenas de personagens que eram influentes na cultura e nas palavras e expressões que utilizamos. Quando tínhamos chegado a uma ampla lista, com algumas contribuições de amigos, começamos a classificação. Para cada personagem, cada um de nós atribuiu de 0 a 5 pontos, com a máxima pontuação combinada possível de 15.

Então classificamos a lista por pontuação total em uma planilha. E dividimos a lista em categorias, de forma a compararmos lendas com lendas, deuses com deuses e assim por diante. Tínhamos cerca de 500 personagens. Cortamos a lista para cerca de 300 e fizemos uma segunda classificação. Dessa vez, cada um atribuiu pontos de 0 (não tão relevante) a 10 (importante). Alguns personagens foram incluídos depois, como Tio Sam, por exemplo. Esses foram os dois primeiros filtros.

Eis os nossos raciocínios:

Jeremy: Separei cerca de 20 personagens com 10 pontos e revisei a lista, perguntando a mim mesmo: "Esse personagem foi realmente importante cultural e historicamente?" E fui repassando todos até ter desistido daqueles que tinham recebido 10. Depois repeti o mesmo procedimento com todos aqueles que tinham recebido 9, 8, 7 e assim por diante. Um personagem que eu tinha proposto e depois classifiquei como 0 foi Max Goolis, o varredor de ruas, que de alguma forma conseguiu inspirar muito poucas carreiras na área de limpeza.

Dan: Repassei a lista tentando colocar cada personagem em um contexto histórico, social e cultural. Quando tinha esclarecido meus próprios pensamentos do que estava ocorrendo naquele momento histórico, avaliei o quão influente o personagem foi.

Claramente, os personagens mais antigos passaram por várias gerações de histórias e, se sobreviveram a isso, provavelmente têm alguma influência. Os mais recentes são mais difíceis de estimar, por não terem o benefício do período de ajuste. Também apliquei minha própria inclinação a achar que a influência dura mais tempo quando atinge os jovens: as crianças, quando são influenciadas, não percebem que foram influenciadas.

Allan: Não fomos capazes de obter resposta de Allan, que está sofrendo os efeitos colaterais de uma anomalia genética. Na última vez que o vimos, ele estava para fazer algum tipo de operação do pé que supostamente seria um método de cura ou diagnóstico, dependendo do hospital que conduzisse o procedimento. Então, conversamos com seu cão, Yogi. Já há algum tempo suspeitávamos que Yogi é quem escrevia os textos. Esta foi sua resposta:

"Mandei Allan imprimir todas as referências diretas na Internet para cada personagem, pesei as pilhas de papel resultantes e depois pedi para as crianças do bairro que vendessem o papel para reciclagem a $0,40 o quilo. Um personagem classificado com 10 pontos rendeu $9,62. Se tivesse cheiro de carne, o personagem ganhava 2 pontos a mais."

Consolidamos a lista na planilha e fizemos uma somatória simples dos votos, chegando aos resultados *A*, *D* e *J* (para Allan, Dan e Jeremy). Nada errado com o procedimento, mas a pontuação total de cada um de nós variava de 1.000 a 1.500. Assim, nosso nível individual de entusiasmo poderia fazer com que um voto fosse mais influente do que outro. O próximo passo foi regularizar as pontuações: calcular a classificação dividida pela pontuação total ou entusiasmo relativo. Para cada um de nós (a letra significa a pontuação de cada pessoa):

classificação de A ÷ soma de todas as classificações de A

A média pura, mesmo corrigida, não foi muito satisfatória, então Jeremy fez uma amostragem de teste com cerca de nove classificações de personagens, para analisar as possibilidades sem ter de imprimir 4kg de papel a cada vez. A soma dos inversos, a forma como a condutividade elétrica é calculada, pareceu ser a melhor abordagem, mas não era. Ele também tentou somar a média dos logaritmos, a soma das diferenças ao quadrado, como em estatística de variância, e assim por diante, mas nenhum método pareceu satisfatório. Para apontar a diferença entre os personagens, ele aplicou o método dos quadrados mínimos para cada personagem, da mesma forma como se calcula a energia elétrica total (valor quadrático médio). Isso finalmente funcionou – mantendo a classificação intuitivamente correta.

Adicionamos: A ao quadrado + D ao quadrado + J ao quadrado = X e tiramos a raiz quadrada da soma.

A soma dos quadrados mínimos ainda estava um pouco errada, então Jeremy acrescentou um quarto termo: I ao quadrado, sendo I a soma de nossa votação total no primeiro procedimento. Então, para a classificação final, ele acrescentou dois fatores de tendência: 1 ponto para cada mulher que mencionou o personagem como importante. E, se já tivéssemos terminado o texto, isso valeria 3 pontos. Teria sido um método científico genial se Allan tivesse votado em mais da metade dos personagens, se tivéssemos mais 50 pessoas de uma variedade de formações culturais votando e se metade delas fosse mulher.

Então, nossa agente propôs que incluíssemos Mammy, a Mãe Preta, uma idéia de seu marido, Manie. Depois abrimos mão de todos os personagens religiosos, depois que a Grande Abóbora, uma divindade vegetal enorme, apareceu para Allan durante um workshop de escrita criativa. A Abóbora insistiu em ser a primeira na classificação das divindades, então desistimos de qualquer deus que não pudesse ser relacionado à mitologia sem se ofender. Mesmo assim, o deus dos buracos na calçada quase arrancou o pé de Jeremy em uma rua de Nova York.

Também desistimos de todas as pessoas reais e do Rei Artur, que viveram na Idade das Trevas e poderiam ter sido fictícios.

Você também poderia dizer que pegamos os personagens fictícios mais reconhecíveis e os classificamos de acordo com a rapidez com a qual poderíamos terminar um texto sobre eles. Isso não estava muito longe da realidade.

Mas Allan simplesmente continuou escrevendo e, quando finalmente chegamos a cerca de 130 artigos, tivemos que cortar mais nomes, eliminando os menos relevantes. Então votamos uma terceira vez para os 112 nomes mais influentes em uma escala de 1 a 10. Dessa vez, Dan simplesmente somou as pontuações. Nós transformamos dois personagens em piadas, cortamos a lista e votamos novamente os 121 personagens mais importantes em uma escala de 80 a 200 sem reutilizar nenhum número. Então, separamos as classificações individuais (quatro pontuações 98 na escala de 80 a 200, por exemplo), jogando sachês de mostarda uns nos outros. Mas somos cientistas, e é assim que a ciência é feita – não acredite em ninguém que lhe diga outra coisa.

4

Monstros

Os monstros povoam virtualmente qualquer tradição folclórica, da Escandinávia à Austrália. E a maioria de nós não encontra nenhum.

Usamos a palavra "monstro" para designar qualquer coisa feia, má ou grande – e qualquer criatura com todas essas qualidades é um genuíno membro do clube. *O monstro do mar* tem entrada garantida.[1] Nossos instintos nos dizem que existe alguma coisa grande à espreita para nos pegar. Nós tememos essas coisas e suspeitamos que estão em algum lugar no escuro, só esperando uma oportunidade de nos atacar.

Adoramos filmes sobre tubarões de cinco metros e qualquer museu empoeirado com um *Tiranossauro rex* – de preferência fossilizado, para não termos problemas – atrai grandes multidões. Especulamos incansavelmente sobre os dinossauros, como se algum *Mundo Perdido* realmente existisse ou como se algum *Parque dos Dinossauros* pudesse ser criado no futuro. Algumas pessoas ainda chegam ao ponto de falsificar "evidências" de monstros inexistente como o Monstro do Lago Ness. Só metade deles retorna. Nessie devora os outros.

---

[1] *Nota da Tradutora*: filme de Eugène Lourié de 1953, hoje cultuado como filme trash; ficção científica na qual, em virtude de um teste nuclear, um gigantesco dinossauro carnívoro é reanimado e se dirige a Nova York.

Tome cuidado quando estiver passeando pelo Lago Sombrio[2] e sempre tenha uma câmera à mão. Vamos precisar de todas as provas que conseguirmos coletar.

O Monstro do Dr. Frankenstein

Ele nasceu em resposta a uma provocação, um desafio entre contadores de histórias, e tornou-se símbolo do frenesi científico da época. A lenda do monstro de 1818 e sua origem representaram tanto a primeira história de horror como a primeira história de ficção científica – décadas antes de Edgar Allan Poe e Júlio Verne. O Monstro de Frankenstein é um projeto científico que deu monstruosamente errado. Aí está o horror: eleve-se ao poder dos deuses e haverá conseqüências que não podem ser antecipadas.

Muito antes de Chernobyl, muito antes do *Parque dos Dinossauros*, Mary Shelley criou a imagem do cientista maluco, um ícone cultural duradouro. Se tivermos alguma desconfiança em relação aos engenheiros e cientistas que trabalham para melhorar o mundo em que vivemos, o Dr. Frankenstein nos mostra a razão dessas suspeitas. Fanáticos religiosos e organizações tecnológicas freqüentemente o usam como exemplo de como a ciência enlouqueceu. E esse tema ressoa com horrores reais, como os desastres envolvendo estradas de ferro e pontes na metade do século XIX ou os acidentes dos ônibus espaciais Challenger e Columbia em 1986 e 2003.

Mary Wollstonecraft Shelley era uma verdadeira revolucionária e uma das primeiras feministas. Seu amante e futuro marido era o famoso poeta e canalha Percy Shelley. Sua primeira viagem à França com ela, no contexto atual, teria lhe rendido um processo de estupro estatutário bem como adultério: ela tinha apenas 16 anos.

Uma mulher extraordinária, ela provavelmente estava a par da demonstração de Luigi Galvani, mostrando que a eletricidade faz as pernas dos sapos se contorcerem. Ela expandiu essa reação para o espírito ou a alma, que separa os vivos dos mortos.

---

[2] *Nota da Tradutora*: Provável alusão ao filme de 1975, *Rana: The Legend of Shadow Lake* (Rana: a lenda do Lago Sombrio), no qual uma menina tem um encontro aterrorizante com um estranho monstro metade homem, metade sapo, em um lago.

Em uma noite chuvosa, Mary Shelley reuniu-se com um grupo de artistas e escritores em Genebra. O passatempo da noite era criar histórias de fantasmas. Mary foi a única que levou o desafio realmente a sério. O resultado, *Frankenstein*, logo se tornou padrão para contos e histórias de horror com conseqüências imagináveis.

Hoje, quase duzentos anos depois de sua eletrizante história, os oponentes das colheitas geneticamente modificadas conseguem apontar uma série de problemas como evidência de que todas as disciplinas científicas ainda precisam de constante vigilância, coisa que o fictício Dr. Frankenstein não teve.

O título completo do livro de Mary Shelley era: *Frankenstein: ou o Prometeu moderno*. A figura mitológica grega original foi vítima da fúria dos deuses por roubar o fogo e entregá-lo aos mortais. O Frankenstein ao qual o título se referia não era o monstro, mas seu criador, e a *criação* é o ato de rebeldia. Não é permitido ao homem criar a vida, de acordo com a maioria daqueles com inclinação religiosa.

Mesmo assim, não são as técnicas cirúrgicas de Victor Frankenstein que causam o problema. No livro, o problema foi ele ter fracassado em ser um bom pai para sua criatura e quebrado a promessa de criar uma noiva para seu Monstro. No filme de 1931 (e na paródia de Mel Brooks, de 1974, *O jovem Frankenstein*), o desastre resultou da utilização de peças defeituosas, mas, tanto no livro quanto nos filmes, a tragédia foi conseqüência do trabalho motivado pelo ego e o perigo de trabalhar em isolamento. Uma das bases da ciência, como praticada pelos últimos 300 anos, é a submissão do trabalho à análise e revisão; quando isso não acontece, "todas as apostas estão encerradas". O Monstro começa a causar muitos danos e a comunidade se organiza para detê-lo. O Monstro, em muitas versões para o cinema, foge ou se suicida.

No lado positivo, a ampla popularidade da história de Frankenstein inspirou alguns avanços médicos, como transplantes de órgãos, desfibrilação cardíaca e implante de vários membros. Sem dúvida, um impacto significativo em nossa vida.

O Monstro do Lago Ness

De todos os animais fabulosos no mundo, o Monstro do Lago Ness, Nessie, é o mais famoso e foi fonte de inspiração para centenas de criaturas similares em todo o planeta. Como principal atração turística da Escócia, a influência de Nessie no fluxo de caixa escocês tem sido muito expressiva.

O monstro foi visto primeiro por ninguém menos que São Columba no ano 565, quando ele estava levando o cristianismo aos escoceses. Enquanto pregava na região do Lago Ness, ele viu algumas pessoas enterrando um homem que havia sido morto pela criatura. Milagrosamente, ele o ressuscitou. Logo depois disso, outro homem nadava no lago quando o demônio surgiu das profundezas. O monstro estava prestes a devorá-lo quando São Columba ergueu sua mão e fez o sinal da cruz. Ele rogou em nome do Senhor dizendo: "Não deves ir além nem tocarás o homem – volte a toda velocidade." O monstro obedeceu ao padre e desapareceu na água. Quando, em 2005, um repórter da revista *People* perguntou à criatura se esse evento teve algum significado religioso em sua vida, a resposta foi: "Meus ancestrais têm sido monstros pagãos por 200 milhões de anos e não tenho inclinação a me tornar um monstro cristão a esta altura."

Em 1933, durante a Grande Depressão, o Sr. e a Sra. Mackay, donos de um hotel à beira da falência, chamado Drumnadrochit Hotel, nas margens do lago, contaram a um repórter do jornal escocês *The Inverness Courier* que eles viram uma enorme criatura saltando para fora d'água e mergulhando de volta. A história foi divulgada por vários outros jornais escoceses e logo se tornou sensação mundial. No dia 21 de dezembro de 1933, o jornal britânico *The Daily Mail* publicava a seguinte manchete: "O Monstro do Lago Ness não é uma lenda, mas um fato." Marmaduke Wetherell, um camarada da London Zoological Society baseou-se na história publicada para conduzir investigação em primeira mão. Ele descreveu o bicho como com cerca de 6m de comprimento e fotografou suas pegadas, parecidas com as de um hipopótamo. Entretanto, o incidente todo foi exposto como fraude ao descobrirem que o próprio Wetherell havia feito as pegadas com um pé de hipopótamo empalhado que ele havia tomado emprestado de um museu.

Uma das primeiras pessoas a relatarem terem visto a criatura fora d'água, Arthur Grant disse que estava dirigindo sua motocicleta uma noite em 1934 e quase bateu no animal que cruzava a estrada. Ele relatou ter visto um animal de pescoço comprido e cabeça pequena, corpo pesado e longa cauda pontiaguda. Mais tarde ele também confessou ter mentido.

A foto mais famosa do monstro, uma fotografia em preto e branco tirada em 1934, mostra a cabeça e o longo pescoço emergindo do lago. Também isso se revelou um trote. Christian Spurling, habilidoso construtor de modelos, fabricou a cena. Ele construiu um monstro de 30cm de altura e meio metro de comprimento e colocou-o no lago. Então Robert Kenneth Wilson, eminente ginecologista de Londres, tirou a foto. Tudo isso foi confessado muitos anos mais tarde.

Nessie também gerou centenas de outros lendários monstros do lago ao redor do mundo, indiretamente contribuindo para o turismo e as economias locais. Lizzie, na Escócia, uma prima de três corcovas de Nessie, vive no Lago Lochy. Os norte-americanos têm o Champ, no Lago Champlain, na fronteira entre Nova York e Vermont; Memphré, no Lago Memphrémagog, na fronteira dos Estados Unidos com o Canadá; o Monstro do Lago Flathead, em Montana; e recentemente, Eerie, no Lago Erie.

Dr. McRae, médico aposentado, gravou um filme amador de Nessie em 1935. Ele afirmou que logo depois do amanhecer ele viu Nessie flutuando na superfície do lago. Também disse que tem um filme de cinco minutos e jurou que as imagens mostravam claramente o monstro com um longo pescoço, três corcovas, cabeça pontuda, olhos estreitos e inclinados e pequenos chifres. McRae já faleceu e o filme original supostamente está em um cofre de um banco de Londres e não pode ser liberado até o momento em que o público começar a levar o assunto a sério.

Uma tentativa de encontrar o animal foi feita em outubro de 1987, envolvendo 24 barcos espalhados pelo lago. Eles metodicamente varreram o lago com sonares, mas não encontraram nenhuma evidência do monstro.[3]

Justamente quando Nessie havia sido firmemente expulsa ao reinado do mito, ela apareceu em um selo postal emitido pelas Ilhas Maldivas. Isso levantou a possibilidade de o bicho ser real. Duvidamos que qualquer país colocaria um animal imaginário em um selo postal.

---

[3] *Nota dos Autores*: A busca foi mal planejada desde o começo. Todo mundo que mora nas redondezas do lago sabe que Nessie sai de férias em outubro.

Gary Campbell, presidente do Fã Clube Oficial do Monstro do Lago Ness tem um seguro de vida de $400 mil caso seja comido vivo pelo monstro. Ele tem uma loja de *souvenirs* no Lago Ness e diz que os itens mais vendidos são as pegadas de gesso do monstro. Ele explica: "Apesar de, na verdade, eles serem resultado em gesso das impressões que fiz ao empurrar uma panela no chão, as pessoas adoram, embora ocasionalmente alguém me pergunte por que o monstro tem a palavra Pyrex gravada no pé."

King Kong

O macaco gigante escalando o Empire State Building é uma das imagens memoráveis do cinema. E a idéia de um grande gorila raptando uma mulher consegue ter a mesma força. King Kong junta elementos de sexualidade, racismo, mito e realidade de forma que poucos filmes conseguiram antes ou até agora. O filme *King Kong* foi relançado várias vezes, teve duas adaptações e gerou pelo menos dez filmes relacionados. O diretor da versão de 2005, Peter Jackson, disse que começou a ter vontade de fazer filmes ao assistir à versão de 1933.

O enredo não é complicado. Um cineasta e sua equipe de aventureiros vão à Ilha da Caveira, no Oceano Índico, e encontram criaturas enormes – em particular, um gorila gigante, King Kong, a quem os nativos temem e adoram. A equipe americana captura-o e o leva aos Estados Unidos para exibi-lo. Kong se solta, pega uma bela garota que fazia parte da expedição e carrega-a para o topo do recentemente concluído Empire State Building, na época o prédio mais alto do mundo. Os militares o atacam com os aviões de combate mais modernos da época. Ferido, ele coloca a moça de lado antes de cair na calçada, morto.

Quando David O. Selznick lançou o filme original, no dia 2 de março de 1933, ele foi exibido para um público de 50 mil pessoas no primeiro dia e faturou recorde de $100 mil na primeira semana.

A história de King Kong foi vista pelo público branco como um filme de monstro com alguma coisa da fábula a *Bela e a Fera*. Mas algumas pessoas negras viram uma assustadora semelhança com a história de seus próprios ancestrais: raptados dos trópicos, acorrentados, levados à América, explorados, emancipados e mortos por tentar elevar-se na sociedade.

Em gíria, um "macaco" pode ser qualquer homem forte, especialmente um com braços longos ou peludos. No filme, uma jovem mulher pergunta o que está causando tanta confusão. Quando dizem a ela que o problema é um macaco, ela reclama que há "macacos" demais na cidade.

O filme termina dizendo que foi a bela que matou a fera, mas há pessoas que podem pensar que o monstro morreu por seus próprios princípios morais.

Até os ingleses o adoram!

King Kong, o macaco gigante que correu em fúria assassina por Manhattan recebeu o maior número de votos do público da BBC News como o filme de monstro mais aterrorizante de todos os tempos.

Godzilla

Godzilla – o monstro japonês do cinema – pisou duro, soltou fogo pelas ventas e exagerou na dramatização de seus 30 filmes entre 1954 e 1995. No processo, ele ajudou o Japão a sair da depressão pós-Segunda Guerra Mundial, com a retomada de parte do orgulho nacional dos japoneses e de sua indústria cinematográfica. Ele é o mais conhecido monstro do cinema de todos os tempos e foi o primeiro personagem da mídia de massa a nos alertar para os reais horrores liberados pelo armamento atômico.

O filme original Godzilla foi produzido em 1954 e reelaborado por Hollywood em 1956. O Japão emergiu da destruição da Segunda Guerra Mundial com este nicho cinematográfico: filmes de baixo orçamento com cenas de destruição exuberantes e atuação exagerada, combinadas com diálogos excessivos e tolos. O filme era tão obviamente ruim que instantaneamente tornou-se um clássico cult.

Com cada novo monstro apresentado ao público de cinema, uma "corrida armamentista" garantia que o mais recente ogre teria de ser mais poderoso e apavorante do que o último.

Godzilla foi um dos primeiros monstros nascidos na Era Atômica. Como ao longo dos vários filmes ele passa de destrutivo a benéfico, ele carrega consigo a atitude esquizofrênica de nossa civilização em relação à energia atômica. As bombas nucleares são destrutivas, mas a energia atômica também pode produzir a eletricidade; a radiação das bombas matou mais pessoas do que o próprio impacto, mas a radioterapia pode salvar vidas, matando as células de câncer.

Os Estados Unidos, que liberaram o flagelo da bomba atômica no mundo, foram o antagonista de Godzilla. Na história, uma das bombas americanas desperta o potencial destrutivo em uma criatura que nunca havia sido ameaça à humanidade. (Como você deve acordar um monstro que está dormindo? Se você tiver um pingo de bom senso, não fará isso.) Da mesma forma como as bombas atômicas devastaram Hiroshima e Nagasaki, Godzilla destrói Tóquio e outras cidades do Japão. A humanidade é indefesa a ele.

Mas uma coisa interessante aconteceu com essa corrida armamentista. Da mesma forma como a União Soviética emergiu para desafiar e ameaçar os Estados Unidos, outros monstros surgem para desafiar Godzilla. Assim, Godzilla se transformou em criatura mais benéfica e salvou a humanidade de outros vilões, exatamente como o Japão confiou nos Estados Unidos em relação à União Soviética.

De fato, há dois tipos distintos de filmes de Godzilla. No primeiro tipo, uma sucessão de monstros de uma grande variedade de origens entra em confronto direto com Godzilla. Essa série foi de 1962 a 1989. Não há nenhuma afirmação política coerente feita nessa série, que é considerada "verdadeiro" clássico. Esses filmes são a pura fórmula cinematográfica de "Godzilla *versus* Monstro X". Os monstros incluem Gigan, Orga, Mothra e Megalon. Megalon, por exemplo, foi lançado para a humanidade por uma sociedade de humanóides que viviam nas profundezas da Terra. Eles mandaram o monstro como retaliação à ameaça a seu lar embaixo da terra apresentada pelos testes nucleares subterrâneos. Não faz muito sentido, mas esses seres subterrâneos mandaram seu monstro atacar o Japão, apesar de os testes nucleares subterrâneos terem sido conduzidos pelos Estados Unidos. Entretanto, a lógica da história era muito menos importante do que a batalha entre Godzilla e Megalon.

Na segunda série, que durou de 1991 a 1995, uma equipe de salvamento vinda do futuro tenta evitar a cascata de monstros ao impedir a bomba nuclear original que despertaria Godzilla. Entretanto, nessa série, uma explosão nuclear ainda pior – um acidente – desperta um Godzilla ainda mais aterrorizante, que simplesmente mostra sua língua reptiliana aos viajantes do tempo e descarrega a destruição sobre a humanidade até derreter-se em sua própria radiação. Apesar de essa série tentar fazer uma afirmação política – a volta ao tema do primeiro filme: "a-energia-nuclear-é-má" – a afirmação é muito mais fraca do que a do original.

Vários filmes de Godzilla feitos nos Estados Unidos na década de 1990 persuadiram a empresa que produziu o filme original de 1954 a reentrar em campo. Em 2004, o vigésimo oitavo filme de Godzilla se apresentou como a verdadeira continuação do primeiro filme. O que o futuro reserva para esse monstro adaptável é uma incógnita.

O filme original é um clássico, e apresenta uma pouco dissimulada afirmação política sobre os danos terríveis das armas atômicas, mas, como a maioria dos empreendimentos, a criatura assumiu o controle de sua própria vida – várias vidas, na verdade –, à medida que os cineastas se voltavam para a ação e a carnificina em uma tentativa de escapar das realidades do mundo político que nos cerca.

5

Estereótipos

O personagem deste capítulo é único. Sim, há dezenas de estereótipos e você poderá encontrar vários deles em outros capítulos deste livro, mas o que incluímos aqui se insinua de forma ímpar em nossa cultura.

Inventamos tipos de personalidade para racionalizar nossa falta de entendimento das pessoas que nos cercam. Você sabe o que esperar de alguém do signo de Áries ou Câncer, bem como de alguém designado por um preconceito étnico. Não existem surpresas.

Muitas e muitas mulheres em algum momento de suas vidas procuram pelo Príncipe Encantado, mas tais expectativas irreais impedem que elas encontrem a verdadeira felicidade? O Príncipe Encantado elevou demais os padrões? Talvez sua intrusão em nossas vidas tenha contribuído para os altos níveis de divórcio.

Perpetuamos um grande desserviço ao continuarmos a divulgar tais mitos e ao insistirmos que não nos satisfaremos com qualquer coisa menos que a pessoa perfeita.

Você pode ter notado que os autores deste livro são bons em definir o problema, mas se quiser soluções, terá escolhido o livro errado.

Mas, já que abriu o livro, continue lendo.

O Príncipe Encantado

O mais cobiçado solteirão do planeta não é um belo ator ou um magnata empreendedor, mas um aristocrata do século XVII. O Príncipe Encantado é o homem ideal, aquele que as mulheres buscam, o padrão pelo qual os homens são avaliados.

Veja qualquer coluna de conselhos de qualquer revista ou jornal e você verá os mesmos títulos: "QUANDO O SEU PRÍNCIPE ENCANTADO FINALMENTE CHEGA", "AS CARRUAGENS DO PRÍNCIPE ENCANTADO PARA O SEU CASAMENTO DOS SONHOS", "O QUE AS MULHERES QUEREM DE SEUS PRÍNCIPES ENCANTADOS" etc.

Sim, é difícil encontrar um personagem mais enigmático e menos merecedor. Ele não tem personalidade, não realizou nada, não tem habilidades, personalidade... nada além de um castelo e um sonho.

O príncipe é um livro em branco, no qual qualquer garota pode escrever seus mais fantasiosos sonhos. Ele tem o básico: ele é rico; não precisa trabalhar, então tem tempo para ela; ele não tem hobbies, nada para distraí-lo dela; e ele é educado. Encantador. Em algumas versões ele ainda é um menininho, e essa é parte de sua atração. Ele não é o Príncipe de Maquiavel, um político prático e com instintos assassinos; não é um guerreiro musculoso em um cavalo ou motocicleta; não é um velho obcecado com o desempenho da soja no mercado de ações e se arrastando em pijamas amarrotados, enchendo o castelo com coleções de selos da Lituânia e vídeos pornôs. Não, este é um moço jovem e saudável, com um futuro de responsabilidades, o respeito de todo um reinado e uma habilidade especial para dançar. Ele tem uma casa enorme com uma pista de dança, seus próprios meios de transporte (cavalos – que excêntrico) e um batalhão de servos para cuidar dos serviços domésticos.

Há somente três restrições. Primeira: ele mora com os pais. Ao mesmo tempo em que isso demonstra lealdade familiar de longo prazo, também levanta questões sobre as pessoas fora da família e quanta influência elas poderão ter. Segunda: ele não pode tomar decisão sozinho – ele precisará da opinião de uma esposa para orientá-lo. Por outro lado, agora ele tem o primeiro ministro, o chefe dos serviçais, e seu pai – e com todo esse aconselhamento, ele não poderia simplesmente ter se inscrito em um serviço de namoro? Terceira: ele não será um bom pai. Como o escritor T. Velazquez[4] apontou, ele não consegue reconhecer o amor de sua vida, então, o que aconteceria se uma das crianças se perdesse – ele iria ao shopping com uma caixa de seus sapatos e obrigaria todas as crianças da vizinhança a colocá-los nos pés?

O Príncipe Encantado não é encontrado nos contos de fadas de Grimm, a coleção de histórias populares da Alemanha. Ele é encontrado em histórias francesas, primeiramente em 1697 como o Rei Encantado, em *O pássaro azul*, da Condessa D'Aulnoy; e depois nas histórias infantis de Charles Perrault (1696-1697). Mais de um século depois ele chega aos palcos de Londres como o Príncipe ou Rei Encantado, em produções de James Robinson Planché.

Hoje em dia, ele é encontrado nas histórias de Cinderela, Bela Adormecida e Branca de Neve – principalmente nos desenhos animados da Disney. No filme da Disney, *Branca de Neve e os sete anões* – a versão inovadora de 1937, o primeiro longa-metragem animado a atingir o público americano –, o Príncipe Encantado aparece no final para resgatar Branca de Neve de um coma induzido por veneno, levantando a tampa de seu caixão de vidro e despertando-a com um beijo.

Na versão de Perrault de a *Bela Adormecida* ou, literalmente, *A Bela na Floresta Adormecida*, o príncipe desperta a donzela de seu sono, sem beijos, e se encanta por ela.

Em *Cinderela*, tanto o filme da Disney quanto o musical de Rogers and Hammerstein,[5] ele tinha o sapatinho de cristal da moça, o que permitiu que ele a encontrasse. Estaria ele traindo Branca de Neve? Não. Nessas três fábulas, ele é descartável, substituível, um personagem multiuso. (A Disney, para não correr o risco, dá a ele o nome de Principe Philip em *A Bela Adormecida*, mas, mesmo assim, pensamos nele como o Encantado.)

---

[4] *Nota dos Autores*: T. Velazquez é artista e escritor freelance que mora em Oregon. Autor de *Príncipe Encantado e outros contos de fadas*, não publicado. Utilizado com permissão.

[5] *Nota da Tradutora*: Richard Rodgers (1902-1979) e Oscar Hammerstein II (1895-1960) foram uma famosa dupla americana de compositores, famosos por musicais da Broadway muito populares nas décadas de 1940 e 1950, considerada a era dourada dos musicais.

E é aí que está sua importância. Ele faz parte de nosso vocabulário corrente. O jovem certinho que se torna o marido prefeito. O que pode ter mais influência do que isso?

"Querida, vou pegar as crianças na aula de futebol, passar para pegar a babá e estarei de volta a tempo para irmos à ópera."

"Que tal um champanhe depois naquele restaurante francês que você adora?"

Títulos que você não encontrará:

- *O Príncipe Encantado e o Templo da Perdição*
- *Anatomia dos pés para dummies*
- *Mulheres adormecidas e assédio sexual*: estudo de casos na Europa Medieval (1300-1550)
- *Realmente encantador*: como fazer amigos e seduzir mulheres empoeiradas
- *50 maneiras de abandonar seu sapo*

Para saber mais sobre o Príncipe Encantado, leia:

The Oxford Companion to Fairy Tales, editado por Jack Zipes.
The History of Animation: Enchanted Drawings, de Charles Solomon
Contos de Grimm: obra completa.

6

Aventura

Todos nós queremos emoção, mas poucos de nós temos a oportunidade de escalar o Monte Everest ou de velejar sozinhos pelo Atlântico. A maioria é ocupada demais ou nunca consegue, de fato, se livrar das pressões e das prioridades mundanas do cotidiano, como o trabalho e a família. E a aventura real traz inconvenientes, sem mencionar o perigo... além de ser cara.

Felizmente, temos escritores e contadores de casos para nos entreter com histórias fictícias de coragem, romance, glória, riqueza e lugares exóticos. Essas histórias formam as bases para este capítulo. Os personagens dos outros capítulos poderiam facilmente ter chegado até aqui, mas este capítulo é reservado àquelas personalidades especiais cujas aventuras foram suas principais realizações.

Saia para... correr uma maratona ou subir uma montanha de bicicleta. Quando voltar para casa e precisar relaxar, leia ou assista a uma das histórias desses personagens. Por favor, não tente enfrentar piratas no Oceano Índico ou pular de galho em galho na floresta Amazônica. Queremos você vivo para ler o próximo capítulo.

Simbad, o Marujo

Simbad, o Marujo, é uma das estrelas de um grupo de histórias lendárias compiladas em *As mil e uma noites*. Simbad, caracterizado como personagem heróico em filmes recentes de Hollywood, é um vilão, um patife, um assassino e um trapaceiro nas histórias originais. Assim, ele pode ser mais uma representação da visão negativa da Europa em relação aos árabes do que uma representação da crescente influência do comércio internacional para as nações árabes.

A idéia básica para o livro veio de um livro persa, *Mil contos*, que foi traduzido para o árabe no século IX. Antoine Galland introduziu *As mil e uma noites* na França em 1704 e a primeira versão em inglês surgiu dois anos mais tarde.

Há várias histórias diferentes em várias coleções chamadas *As mil e uma noites*. Antes da imprensa, uma pessoa contrataria um escriba para fazer uma cópia dos contos de um manuscrito existente, simultaneamente fazendo as alterações desejadas. Assim, o material era continuamente reduzido (se alguma história ou ponto refletisse de maneira negativa o novo dono do livro) e aprimorado (para enaltecê-lo). Os textos árabes do século XVII não contêm as histórias de *Ali Babá e os quarenta ladrões* ou *Aladim e a lâmpada maravilhosa*. Elas foram incluídas depois, talvez, pelos europeus.

Muitos dos contos se originaram na Índia, Pérsia e Egito e antecedem o ano 1000. O nome Simbad significa "viajante" em sind, um dialeto indiano.

Cada uma das sete viagens de Simbad começaram com ele, um mercador, embarcando em uma jornada e naufragando. E toda as histórias terminam com ele obtendo grande fortuna e retornando a Bagdá em segurança. As aventuras são o que acontece entre esses dois eventos.

Duas das histórias recapitulam mitos de criação do oriente médio, nos quais a terra originou-se quando os dorsos de animais gigantes emergiram dos oceanos. Em uma delas, ele se refugia em uma ilha paradisíaca que é, na verdade, as costas de uma baleia gigante. Em outra, ele visita um continente que é o dorso de uma enorme vaca.

Um outro conto repete o episódio de Ciclope, da *Odisséia*. Simbad vai para uma ilha habitada por um gigante de um único olho que devora alguns de seus companheiros de viagem. Os sobreviventes cegam o gigante com um pedaço de madeira em brasa e tentam escapar em um barco que eles construíram. Mas outros gigantes arremessam grandes rochas neles e matam vários dos homens em fuga.

Em uma outra viagem, ele se casa com a filha de um rei. Ela morre e Simbad se alegra com a perspectiva de ficar com todas as suas jóias, que deveriam ser enterradas com ela. Entretanto, pelo costume local, o marido deve ser enterrado junto em uma sepultura pública, uma enorme e fechada caverna. Simbad é colocado na caverna com o corpo de sua mulher e com pão e água suficientes para sobreviver por alguns dias. Uma semana mais tarde, uma mulher é colocada na caverna com seu marido morto, adornado com todas as suas jóias. Simbad a mata e rouba sua comida e água, bem como as pedras preciosas. Depois disso, ele mata os outros, que são colocados na caverna, e acumula grande fortuna em jóias, bem como comida e água suficientes para explorar a caverna, até que encontra uma saída e escapa. Ele não faz esforço algum para ajudar as esposas infelizes; ele simplesmente as mata.

Em sua última viagem, ele se casa com uma outra filha de um rei. Seu pai morre e Simbad herda grande fortuna. Então ele retorna a Bagdá, onde ele e sua esposa vivem felizes para sempre.

Simbad nos traz a mensagem de que assassinato e destruição são faceta normal do mundo dos negócios. Em nome de Alá, vamos rejeitar essa idéia.

Robinson Crusoé

O livro de 1719, *Robinson Crusoé*, de Daniel Defoe, ajudou a impulsionar as revoluções francesa e americana pela mudança das atitudes européias em relação ao governo e à sociedade. Robinson naufraga em uma ilha, mas sua história não é somente de sobrevivência, mas tem relação com o "caráter".

Crusoé, um aventureiro, se estabelece como dono de uma pequena plantação no Brasil e se arrisca em uma viagem clandestina à África para comprar escravos. A viagem termina em desastre quando seu navio é desviado do rumo por uma tempestade e encalha em um banco de areia, naufragando. Ele tem 27 anos quando se encontra perdido em uma ilha desabitada. E é o único sobrevivente.

Crusoé consegue pegar armas, pólvora, sementes, ferramentas, comida, tecido e outros itens úteis do navio naufragado antes que uma outra tempestade o destrua. E apesar de a ilha ser desabitada, ela tem água potável e é rica em madeira, limões, uvas, tabaco e cana, bem como cabras selvagens, que ele domestica para usar o leite, a carne e a pele.

Somos tomados pela emoção da aventura, pois nos identificamos com a independência, a determinação e a engenhosidade de Crusoé. Aplaudimos seu sucesso quando ele constrói um lar e consegue prover suas próprias necessidades, e o acompanhamos com frustração enquanto ele planeja sua fuga.

Depois de 15 anos na ilha, Crusoé vê uma pegada humana, o que desperta seu terror por canibais. Mas só 8 anos depois ele encontra ossos humanos e vestígios de uma fogueira, o que confirma que os canibais estiveram lá.

Em seu vigésimo quinto ano de isolamento, ele vê selvagens com seus prisioneiros e, enquanto observa a distância, um dos prisioneiros escapa. Crusoé vai ajudar o homem e os dois matam seus perseguidores. Robinson dá ao homem resgatado o nome de Sexta-feira por causa do dia em que ele foi salvo.

Ele ensina a Sexta-feira coisas sobre Deus e Jesus, mas Sexta-feira se recusa a acreditar no Demônio. Ele quer saber por que Deus, sendo tão mais forte, não mata o Demônio. Crusoé não consegue dar uma resposta satisfatória, mas diz que Deus punirá o Demônio – mais tarde. Para um escritor do início do século XVIII, tratava-se de posição singular. Ainda mais radical é o fato de Defoe ter caracterizado Sexta-feira como um homem bom, moral e honroso mesmo antes de sua conversão, e tudo leva a crer que seu povo tem o mesmo caráter. Sexta-feira reconhece que eles comem prisioneiros de guerra, mas acredita que isso está para acabar.

Finalmente, um navio inglês aparece, justamente quando há um motim em curso. A tripulação rebelada abandona o capitão do navio na ilha, pensando que ela fosse desabitada. Depois que a tripulação adormece, Robinson, Sexta-feira e o capitão retomam o navio e velejam de volta à Inglaterra.

Robinson Crusoé é aclamado com um dos maiores romances ingleses e marca o início do gênero "sozinho em uma ilha". Ele originou *A família Robinson*, romance de 1812 sobre uma família que naufraga; *O senhor das moscas*, fábula de 1954, contada por William Golding, sobre a violência de meninos; o filme de ficção científica *Robinson Crusoé em Marte* (1964); o ardente *A lagoa azul* sobre adolescentes sexys perdidos em uma ilha desolada (1980); e o filme com Tom Hanks, *O náufrago* (2000).

A emocionante luta pela sobrevivência contra as forças brutas da natureza originou o gênero televisivo dos *reality shows*, com programas como *Survivor* e *Lost* – sem esquecer de *A ilha de Gilligan.*[1]

Para Jean-Jacques Rousseau (1712-1778), o trabalho de Defoe mostrou que os homens podem comportar-se bem sem um governo para inspecioná-los e que alguns selvagens não-cristãos são simplesmente tão morais quanto os cristãos. Rousseau propôs a bondade inerente do homem em seu *Discurso sobre a origem e os fundamentos da desigualdade entre os homens* e no *Contrato social.* E a mensagem básica de Crusoé sobre o valor e a igualdade de todos os homens ajudou a alimentar as controversas obras literárias que resultaram na Revolução Francesa, em 1789. Do mote Liberdade, Igualdade e Fraternidade houve somente um pequeno passo para o Comunismo e a Revolução Russa de 1917. Tudo isso originado por Robinson Crusoé. Não é de se espantar que o consideremos tão influente.

Tarzan

Tarzan é o emblema da convicção de nossa espécie de nossa supremacia sobre todo o reino animal. Mesmo quando é retirado da civilização e criado por animais não-civilizados, o ser humano domina e domestica a floresta selvagem. Os genes triunfam sobre o ambiente.

Durante o século XX, psicólogos do desenvolvimento investigaram qual dos dois elementos, genes ou ambiente, têm função preponderante na constituição de uma pessoa.

Na Alemanha nazista e na Rússia comunista, decisões tomadas com base nesse debate afetaram as vidas de milhões de pessoas. Se o ambiente (a cultura) tinha efeito dominante, a engenharia social poderia ser justificada desde os primeiros anos da vida de uma pessoa. Se os genes (a composição genética individual) preponderassem, a seleção brutal poderia ser justificada em uma tentativa de melhorar a raça. Não se considerava no debate que ambos os fa-

[1] *Nota da Tradutora*: Série cômica da televisão americana, de 1964 a 1967, que mostra sete personagens diferentes que naufragam em uma ilha tropical, conseguem sobreviver e, às vezes, até recebem visitantes de fora.

tores poderiam diminuir em significância à medida que a pessoa fosse crescendo e envelhecendo, com o livre-arbítrio aumentando em importância.

Edgar Rice Burroughs entrou na controvérsia com seu romance de 1912 sobre um filho de pais pertencentes à elite que cresce como um selvagem nas profundezas de uma floresta africana. A importância da história se justifica por chamar nossa atenção para as questões sobre quais elementos tornam uma pessoa civilizada e como ela chega a esse ponto.

A ambientação dessa parábola é simples e quase plausível. Nos últimos anos do século XIX, um lorde inglês aventureiro e sua esposa se estabelecem em um pequeno acampamento na costa da África ocidental, próximo ao Equador, em uma praia cercada por uma floresta. Uma luta e um motim envolvendo sua equipe de apoio os deixam abandonados. Eles lutam para sobreviver, mas a mulher – a mãe de Tarzan – enlouquece e morre com o filho nos braços. Então, investidas de gorilas ferozes da floresta ameaçam o pai e seu filho. O pai é morto e uma gorila fêmea – ainda carregando o corpo de seu próprio filho recentemente morto, incapaz de desfazer os laços maternos – troca o filho morto pelo menino inglês. O grupo cria Tarzan como um gorila e ele aprende sua língua e seu estilo de vida. Ele cresce para se tornar líder do grupo, graças à combinação de força e perspicácia.

Burroughs escreve que a Razão é a fagulha que separa os homens dos brutos. Ele acredita que essa característica é inata, parte da singularidade biológica da espécie humana. Assim, Tarzan possui racionalidade, apesar de não ter nenhum contato com outros humanos, a não ser quando com menos de 1 ano. A curiosidade de Tarzan o leva de volta à cabana da qual ele foi raptado e, usando os livros que encontra lá, ele é capaz de aprender sozinho a língua de seus pais.

Mais tarde, ele encontra um grupo de aventureiros americanos, os salva e descobre sua verdadeira origem. Ele se apaixona por uma garota americana (Jane), que pertencia ao grupo, depois de ter salvo sua vida. Mas depois de ter vivido nos Estados Unidos por um tempo, ele percebe que não se encaixa – ou não quer se encaixar – na sociedade civilizada. Ele abre mão de seu amor para voltar ao único lar que conhece.

Há muito de improvável, e até impossível, nessa história e alguns desses elementos Burroughs abertamente se recusa a tentar explicar (em uma parte, o autor escreve: "Com Tantor, o elefante, [Tarzan] fez amizade. Como? Não me pergunte"). Mas quando o livro surgiu era quase possível acreditar nesse cenário. A história tinha os elementos de um excelente drama e também abriu as portas para as minas de ouro de Hollywood: continuações e seqüências intermináveis. Com um salvador vivendo entre eles, os animais da floresta se beneficiavam da justiça humana, reforçando a superioridade que as pessoas sentem em relação ao resto do reino animal.

Havia também um componente racista: o homem branco invade e assume o poder na floresta dos homens negros.

A proposta de Darwin de que os humanos são aparentados dos macacos era um tema muito em voga nos anos que antecederam o livro de Burroughs, provavelmente motivando sua história sobre um menino criado por nossos primos distantes. Tarzan caiu no centro dessa controvérsia e, no processo, gerou toda uma indústria de mais de duas dezenas de outros livros, nada menos que 40 filmes, revistas em quadrinhos e programas de rádio e televisão e produtos derivados, como roupas, brinquedos e lancheiras. Muitos atores conseguiram notoriedade interpretando o personagem de Tarzan. Ele foi o veículo para converter Johnny Weissmuller, ganhador da medalha de ouro nas Olimpíadas, em puro ouro comercial.

Com o movimento de independência de muitas colônias africanas depois da Segunda Guerra Mundial, Tarzan foi perdendo popularidade. Mas, em 1962, um bibliotecário de Los Angeles tentou banir os livros de Tarzan porque o romance de Tarzan e Jane, que moraram um tempo juntos, incitava as pessoas a viver em pecado. Esse plano ingênuo saiu pela culatra e toda a cultura de Tarzan foi revivida. Acontece que somente o filme de 1932 criava a impressão de imoralidade. O clamor dos leitores fiéis causou recuperação da popularidade das histórias de Tarzan, começando em meados da década de 1960. Nas décadas que se seguiram, foram produzidos cinco programas de televisão com Tarzan – três filmes com atores e duas animações. Por meio de revistas, jornais, livros, revistas em quadrinhos e rádio, Tarzan foi certamente um dos personagens fictícios mais populares do século XX.

Algumas pessoas acreditam que a cidade de Tarzana, na Califórnia, é a única cidade dos Estados Unidos cujo nome veio de um personagem fictício. Na verdade, a cidade já existia quando Burroughs comprou uma pequena propriedade lá e mudou-se para a Califórnia antes de escrever suas histórias de Tarzan. Pense a respeito: se ele tivesse comprado a propriedade em uma outra cidade, poderíamos agora estar discutindo os méritos do romance *Pasaden na selva*.[2]

Luke Skywalker

O herói de *Guerra nas estrelas*, filme de ação e aventura intergalática, Luke, é um garoto comum da área rural que, por acaso, intercepta um pedido de ajuda de uma bela princesa. Logo, Luke sai em uma jornada para resgatar a garota, gerando três dos filmes mais populares jamais produzidos. *Guerra nas estrelas* (1977) tinha os mais incríveis efeitos visuais da época e fez de George Lucas um gigante de Hollywood. A trilogia de *Guerra nas estrelas* alimentou a imaginação de duas gerações. No mundo do entretenimento, *Guerra nas estrelas* consiste na trilogia e nos três episódios anteriores, mais dezenas de romances derivados e milhares de brinquedos, álbuns de figurinhas, paródias e lancheiras. A fábula dominou de tal forma o panorama cultural que seu vocabulário e imaginário invadiram até a política internacional.

Vivenciamos tanto a aventura do herói quanto a expectativa do final da história, enquanto acompanhamos o jovem Luke (interpretado por Mark Hamill) em sua busca pela aprovação do pai. A essência do enredo é que Luke é ajudado por um velho sábio a resgatar a princesa e salvar a galáxia do Império do mal e de seu principal servidor – o pai de Luke, o perigoso Darth Vader. Luke tem de escolher entre lutar contra seu pai ou se unir a ele. O tema psicológico da história é o conflito essencial entre pai e filho, descrito por Freud. "Todo garoto deve entrar em confronto com algum tipo de figura paterna se quiser realmente atingir a maturidade."[3] Mas a história não trata de uma simples sessão de psicodrama. Inspirada pelo trabalho do renomado estudioso de mitologia Joseph Campbell, a história segue o caminho clássico comum a contos po-

---

[2] *Nota da Tradutora*: Alusão a Pasadena, cidade da Califórina.

[3] *Nota dos Autores*: Jane Adelman.

pulares de todo o mundo. Luke não é simplesmente um personagem substituível, ele é *todos* os heróis.

A fórmula é universal: Primeiro, alguma coisa motiva a aventura – uma razão para deixar o mundo com o qual o herói está acostumado. Depois, há a ajuda sobrenatural. Então, várias provações e novos amigos pelo caminho. Finalmente, um confronto face a face com o inimigo... e a vitória. O herói volta para casa triunfante, trazendo algum tipo de recompensa – comida, riquezas, mágica, um presente de casamento ou uma princesa.

Os filmes ainda têm um segundo tema: a viagem espiritual de Skywalker. Em termos religiosos, a jornada do herói é deixar o mundo cotidiano, entrar no domínio dos deuses e retornar com um poder mágico. Luke aprende a usar a "Força", uma energia criada por seres vivos e um aliado poderoso. Revelada por Obi-Wan Kenobi, um mestre das artes místicas, ela conduzirá Luke com segurança pelos perigos, permitirá que ele fale com os mortos e o guiará nos combates.

Na cena apoteótica do primeiro filme, *Guerra nas estrelas*, o computador de Luke erra o alvo mais crucial. Luke não pode mais contar com o computador e deve usar sua intuição – a Força – para dar o tiro que leva à vitória.

Mas o inimigo é persistente e, no segundo filme, *O império contra-ataca*, Luke é treinado por um Mestre ainda mais velho, Yoda, para dominar completamente a Força e suas outras utilidades: levitar objetos, voar e telepatia.

No último filme da trilogia, *O retorno de Jedi*, Luke confronta o chefe de seu pai, o imperador do mal. O Lorde Vader precisa se sacrificar para salvar seu filho e Luke emerge como um adulto formado, em harmonia com o mundo espiritual e seguro de seu próprio destino.

No mundo real da década de 1980, o presidente Ronald Reagan referiu-se à União Soviética como o "Império do Mal" e gastou bilhões de dólares em um sofisticado sistema defensivo chamado "Guerra nas Estrelas", que pode pelo menos levar os créditos pelo fim da Guerra Fria. *Guerra nas Estrelas*, por meio dos programas militares que inspirou, derrotou a União Soviética, não pelo combate, mas empurrando-a para a falência.

Intuição, no sentido de *Guerra nas estrelas*, pode ser a faceta mais importante e, ao mesmo tempo, mais ignorada de nosso mundo orientado para máquinas. Quando é que você tem tempo de olhar além do racional, do dia-a-dia, para ver o que realmente o cerca? Confie em seus sentimentos, em seus "instintos". Mesmo no âmbito da ciência, você precisa saber quando seu equipamento não está funcionando direito. Somos obcecados pela alta tecnologia, mas alguns poucos sensores disfuncionais podem causar o derretimento de um gerador nuclear, e um pedaço de material isolante pode destruir um ônibus espacial de bilhões de dólares e seus tripulantes.

Skywalker, com o poder da Força, sabia quando podia usar seu computador e quando deveria ignorá-lo. E nós, sabemos disso?

Talvez você não saiba...

Em pesquisa em três livrarias de Nova Jersey em 2005, um dos autores descobriu que os livros de Guerra nas Estrelas ganhavam mais espaço nas prateleiras do que escritores de ficção científica já famosos, mais espaço até que os livros de Asimov, Bradbury e Heinlein juntos.

Para saber mais, leia:

O herói de mil faces, de Joseph Campbell.
Manual de intuição prática, de Laura Day.
As máscaras de Deus: mitologia ocidental, de Joseph Campbell.
Star Wars: The Magic of Myth, de Mary Henderson.
A trilogia da Fundação, de Isaac Asimov.

Interlúdio

Categorias

Você já teve ter notado que poucos personagens de ficção pertencem a somente uma categoria. Onde você colocaria um vampiro bem-vestido? Em contos populares? Lendas? Cinema? Monstros? Teatro?

O Rei Artur, por exemplo, está em todo lugar, da lenda inglesa aos quadrinhos de jornal *Príncipe Valente* ou ao musical da Broadway, *Spamalot*.[1] Hoje em dia, quase tudo foi transformado em musical, filme, ópera ou balé. (*Godzilla*, o balé? Não. Nem tudo.)

Classificamos o Super-homem como um herói dos quadrinhos, do cinema, da televisão, de aventura, de crime ou de cultura americana? Você conhece Hércules de uma série de televisão? Do mito? Dos quadrinhos? Dos filmes? Você o colocaria em aventura ou em literatura?

Tentamos colocar cada personagem onde sua influência é mais forte. Você pode ter, é claro, seus próprios favoritos, dos filmes do Super-homem com Christopher Reeve à *Branca de neve e os três patetas*. Não, nós não usamos esses exemplos. Todos precisam estar em algum lugar. Vamos em frente...

---

[1] *Nota da Tradutora*: Musical cômico de Monty Python, adaptação para os palcos do filme *Monty Python em busca do cálice sagrado*.

7

Crime

Mesmo os mais certinhos dentre nós são fascinados por crimes e detetives. Nós nos deleitamos na fantasia de fazer coisas proibidas e amamos a emoção de acompanhar o mistério sendo resolvido. Isso nos faz sentir superiores, como se nós também pudéssemos solucionar o último mistério ou soubéssemos como evitar ser a vítima de um crime. É uma ilusão confortadora.

Quando a realidade não satisfaz nosso desejo de justiça, nos refugiamos em um mundo no qual os criminosos são sempre pegos e punidos. Histórias de vilões que acabam em morte violenta satisfazem nossos desejos de justiça e vingança. Quando o criminoso imaginário é capturado, de alguma forma, tudo parece estar certo no mundo. Este capítulo inclui tanto combatentes do crime quanto bandidos e nossos heróis pertencem tanto à ficção realista quanto à pura fantasia.

Há vários personagens similares neste gênero, já que não há muitas novidades, não importa o lado em que você estiver. Mas alguns personagens se destacam e incluímos os mais interessantes e relevantes, os mais fortes e mais originais. Aqueles no lado certo da lei foram modelos de inteligência, intuição, coragem, persistência, tecnologia e técnica. Aqueles no lado errado revelam como um criminoso justifica suas proezas e como ele age.

Sherlock Holmes

O maior detetive intelectual, ele é um homem de lógica impecável que soluciona mistérios para a polícia usando seu poder de observação cuidadosa dos detalhes, mantendo uma abordagem lógica e seguindo qualquer pista, sem se importar com quão irrelevante ela possa parecer no momento. Ele praticamente inventou o laboratório forense criminal e nos mostrou como a abordagem científica e lógica para solucionar crimes era a onda do futuro, de nossa era.

Com casos suficientes para encher quatro livros e cinco coleções de contos, as aventuras e intrigas desse famoso detetive geraram diversos filmes, romances completamente novos, como se o autor original, Arthur Conan Doyle (1859-1930), os tivesse escrito, e muitos personagens baseados no personagem.

Quanto das palavras, atitudes e ações de Holmes o autor simplesmente fantasiou e quanto era baseado em realidade? O próprio Doyle deixou claro que muitos aspectos do personagem, nascido em 1887 (veja o quadro a seguir), foram baseados em um professor, Dr. Joseph Bell, que Doyle conheceu quando era estudante de medicina na University of Edinburgh, na Escócia. Foi na época em que a medicina estava se transformando de arte negra em ciência sólida.

Os dois ficaram amigos quando Bell convidou Doyle, então no segundo ano da faculdade de medicina, para ser seu assistente em um hospital. Ele deu a Doyle a oportunidade de observar de perto os hábitos de Bell de pensamento lógico, sua meticulosa atenção aos detalhes e sua habilidade imaginativa de excluir algumas explicações e incluir outras.

Bell transpunha os limites da academia na utilização de sua capacidade lógica. Em mais de uma ocasião, ele ajudou policiais a solucionar casos difíceis – exatamente como Holmes faria mais tarde. Bell sempre insistia em permanecer anônimo e nos bastidores, satisfazendo-se com a conclusão bem-sucedida de um trabalho bem feito e essa foi a mesma abordagem que Doyle usou com Holmes.

A imagem de Holmes como detetive particular rapidamente ganhou afeição do público, originando outros personagens, como Sam Spade e Nero Wolfe.[1] Todos esses personagens aprenderam sua arte do mestre original: prestar atenção a detalhes aparentemente insignificantes; observar cuidadosamente

---

[1] *Nota da Tradutora*: Nero Wolfe é um detetive particular criado pelo autor americano Rex Stout nos anos 30 e personagem principal de dezenas de livros por mais de 40 anos.

hábitos pessoais, maneirismos e tons de voz; e permanecer aberto a possibilidades ocultas ou incomuns. Não invocar explicações sobrenaturais: buscar as evidências que determinarão um motivo e um método para as circunstâncias que estão sendo investigadas.

Sherlock Holmes passou para uma segunda carreira como herói do cinema exatamente no momento em que Hollywood começou a produzir filmes falados. Nessa nova mídia, o ator Basil Rathbone incorporou o personagem de Holmes e criou um modelo para filmes de detetives no futuro.

O apego do público a Holmes ficou evidente quando Doyle tentou acabar com seu detetive. As reclamações do público em relação à morte de Holmes no romance de 1893, *O problema final*, obrigaram Doyle a ressuscitá-lo em 1902. Doyle continuou a série com outros dois romances (incluindo o mais famoso, *O cão dos Baskervilles*) e três coleções de contos antes de aposentar Holmes.

O público se deleitava com as histórias de reviravoltas surpreendentes, com raízes na lógica sólida e pura realidade. Era como um jogo: o autor contra o público, quem era mais esperto. E nesse jogo ou o autor conseguia surpreender o público ou o leitor conseguia encontrar o elemento crucial antes do próprio Holmes. Até hoje os leitores apreciam esse desafio.

Sherlock Holmes estabeleceu o padrão de observar detalhes importantes mas aparentemente triviais em eventos incidentais. E também o padrão da lógica, válida para cada um de nós em nossas vidas cotidianas. Todo detetive, fictício ou real, é medido pelos padrões de Holmes. A popularidade de programas de televisão como *Quincy, M.E.*;[2] a série *CSI* e *Crossing Jordan* se originaram da atuação de Holmes, baseada em investigação forense feita dos bastidores. Todos são descendentes de Sir Arthur Conan Doyle e do sempre lógico Sherlock Holmes.

Elementar...

O personagem foi apresentado no romance *Um estudo em vermelho*, em 1887, seguido por *O signo dos quatro*, em 1890. A popularidade do personagem deslanchou com os primeiros seis contos, publicados na *Strand Magazine*, em 1891.

---

[2] *Nota da Tradutora*: Série americana de televisão que foi ao ar entre 1976 e 1983, apresentando Dr. Quincy, determinado investigador forense que solucionava mortes suspeitas.

Batman

Um duplo assassinato. Um menino testemunha a morte violenta de seu pai e sua mãe. Ele promete vingar-se de *todos* os criminosos e essa obsessão molda o seu destino.

Herdeiro de grande fortuna, ele dedica sua vida a combater o crime. Não é fácil. Ele faz de si mesmo um guerreiro forte, inteligente e aterrorizante. Ele se tornará o maior justiceiro e, nesse papel, terá grande influência em nossa sociedade. Ele é o Batman.

Essa é uma história de realização de desejos, de um homem rico que protege inocentes. É a história de um poder secreto – um guerreiro mascarado que espreita pela cidade, atacando os criminosos antes de agirem, inspirando neles o medo de algo além da lei. É uma história de inteligência – dezenas de estratégias, dispositivos de camuflagem, mobilidade e ataque.

Batman foi um dentre vários justiceiros – com colegas como Fantasma, Besouro Verde e Sombra. Ele foi um dos poucos heróis de sua época a lutar com força meramente humana. Vestido de preto e cinza, com longa capa negra, ele é um Aquiles de Homero. Sem poderes do planeta Krypton, sem a magia de um anel verde, sem aranhas radioativas, simplesmente de carne e osso, nada que eu ou você não possamos ser. Batman é um guerreiro incansável e sua obsessão tem um preço. Ele tem poucos amigos fora outros heróis, a polícia e uma criminosa sedutora (a Mulher-gato). Ele adota Dick Grayson, um órfão de uma família de acrobatas que se torna seu principal aliado e parceiro, Robin, o Menino-prodígio (o primeiro de uma série de Robins).

Batman surgiu como personagem de história em quadrinhos na *Detective Comics #27* em maio de 1939, criado pelo artista Bob Kane e pelo escritor Bill Finger (criador do Lanterna Verde). Em 1941, a revista em quadrinhos já estava vendendo 800 mil exemplares por edição, superada apenas pelo Super-homem. O personagem original dos quadrinhos era um herói sujo. Na primeira revista, ele jogou um bandido do teto e mergulhou um outro em um tonel de ácido.

Na época, as revistas em quadrinhos eram publicações baratas. As melhores eram de histórias de crimes e horror, que mostravam descrições realistas de espancamento, tortura e assassinato. Nada recomendável como material didático para crianças. Em 1954 o Senado norte-americano conduziu audiências sobre as depravações. Para evitar o controle do governo, a indústria dos quadrinhos adotou uma série de regras rígidas nas quais o bem triunfava sobre o mal, perversão e violência foram proibidos, e nenhum crime poderia ser descrito com detalhes suficientes para ser duplicado.

Enquanto isso, a influência de Batman veio de sua ênfase nas qualidades humanas de prudência, inteligência e habilidade. O justiceiro mascarado começou a combater vilões bizarros: Charada, Pingüim, Duas Caras e outros criminosos deformados dedicados a uma variação sanitizada de destruição e violência.

As revistas venderam. Uma ridícula série de televisão de 1966 mostrava os atores Adam West e Burt Ward como os combatentes do crime. A imagem de Batman estava se desgastando. Alguém precisava fazer alguma coisa.

Na década de 1980, o tom sombrio do original foi retomado e o seu lado sério pode ser visto no conto ilustrado de Frank Miller, *O retorno do cavaleiro negro*, de 1986, com monólogos elaborados que rivalizam com os filmes clássicos do gênero *noir*, de Bogart.

Os imensamente populares filmes do Batman da década de 1990 foram seguidos por: um desenho animado de televisão, uma revista em quadrinhos para jovens e mais títulos de livros em quadrinhos, além do filme de 2005, *Batman Begins*. A maioria destes apresenta um tom sério, insanidades realistas e motivações fortes. O segundo Robin, Jason Todd, foi eventualmente morto pelo Charada (e ressuscitado em 2006), e o Robin original hoje continua em sua própria carreira solo. Hoje em dia, Batman tem pelo menos dois livros ilustrados saindo a cada mês. Ele já perdeu a conta.

Nas representações mais recentes, o mundo é sujo e o mal está à espreita na sombra. Corrupção, tortura e brutalidade são comuns. Os vilões mostram tanto crueldade quanto paciência. A obsessão e o ego prejudicam até o mais nobre dos heróis. No mundo real, temos uma longa história de justiça com as próprias mãos: cobrindo com piche e penas como forma de vingança desde as Cruzadas ou linchando ladrões de gado. E os justiceiros continuam na ativa. Em dezembro de 1984, um morador de Nova York chamado Bernard

Goetz atirou em quatro jovens que empunhavam chaves de fenda afiadas. Goetz foi aclamado como herói e depois foi preso por posse de arma. É por isso que os justiceiros usam máscaras. Ou uniformes. Os policiais à paisana que atiraram em 1999 em Amadou Diallo, que estava desarmado, não queriam correr nenhum risco e, notem, ele tinha uma carteira![3] Os super-heróis usam mais ou menos a mesma abordagem: espreitar, investir, transgredir as leis e agredir. Foi o que Batman admitiu em 1986: Sim, ele é um criminoso. Os super-heróis sempre foram criminosos. Eles tinham de ser.

Batman combina mente inteligente com alma sedenta de vingança e nos deixa com um sentimento de poder e proteção. Ainda há gigantes sobre a face da Terra.

Para saber mais sobre Batman, leia:

A Smithsonian Book of Comic-Book Comics, editado por Michael Barrier e Martin Williams (contendo uma nova edição do *Detective Comics #27*, de maio de 1939).

The World Encyclopedia of Comics, volumes 1 e 2, editado por Maurice Horn.

Comic Book Nation: The Transformation of Youth Culture in America, de Bradford W. Wright.

O retorno do cavaleiro negro, de Frank Miller (texto), Klaus Janson (ilustrações), Lynn Varley (cores) e John Costanza (aplicação dos textos).

The Complete Frank Miller Batman, da DC Comics.

Um morceguinho verde me contou:

- Dizem que ninguém morre nos quadrinhos. Ou continua morto. Os atores, os personagens e os títulos mudam. É complicado...
- Alguns títulos recentes de quadrinhos do Batman nos Estados Unidos incluem: *Gotham Knights*, *Gotham Adventures*, *The Batman Strikes*, *Legends of the Dark Knight* e os quadrinhos da *Detective Comics*.

---

[3] *Nota da Tradutora*: Segundo relatos dos policiais, Diallo tentou pegar alguma coisa em sua jaqueta e, achando que fosse uma arma, os policiais o mataram a tiros; mais tarde descobriu-se que ele estava desarmado e que o objeto que havia retirado da jaqueta era uma carteira.

8

Cultura americana

Os personagens deste capítulo são parte da cultura americana, com verrugas e tudo. Eles cobrem a maior parte dos séculos XIX e XX, período no qual os Estados Unidos cresceram a passos incrivelmente largos e despontaram no cenário internacional.

Tio Sam incorpora os atributos exibidos com maior orgulho para o mundo. Os outros dois personagens apresentam os defeitos americanos ou representam o tratamento vergonhoso dado às tribos nativas e a mácula do comércio de escravos.

Os personagens deste capítulo são 110% americanos. Tom Sawyer não poderia ser mais americano se tivesse nascido nos Estados Unidos – e foi exatamente onde ele nasceu, às margens do rio Mississippi.

Tio Sam

Tio Sam, a personificação dos Estados Unidos, é a figura mais rapidamente reconhecida em todo o mundo e também a imagem mais queimada em protesto pelos inimigos da América, de Damasco a Jacarta.

Sam aparentemente evoluiu de caricatura criada na Guerra Revolucionária americana e chamada de Irmão Jonathan, um ianque moralista com gosto especial para dar lições de moral às pessoas. A primeira aparição de Sam foi durante a Guerra de 1812 entre os Estados Unidos e a Grã-Bretanha, com um oponente nada sofisticado: John Bull, o símbolo tradicional do poder britânico.

Especula-se se Tio Sam foi baseado em uma pessoa real. Algumas evidências apontam para Samuel Wilson, um empacotador de carne da cidade de Troy, Nova York. Durante a Guerra de 1812 ele forneceu carne para o exército americano e os soldados que viram as caixas nas quais o produto era entregue diziam que elas vinham com as letras *U.S.*, Estados Unidos em inglês, e que a carne vinha do "*U*ncle *S*am" Wilson, ou o Tio Sam.

Antes de 1860, o Tio Sam não tinha barba; mas, depois da Guerra Civil, ele apareceu com a barba de Abraham Lincoln, magro e com uma cartola. No final do século XIX, ele era uma imagem comum utilizada por cartunistas para representar patriotismo e autoridade nacional. Tipicamente ele aparecia – como ainda hoje – vestido com as estrelas e listras da bandeira americana. Mesmo sendo proibido utilizar qualquer parte da bandeira americana como vestimenta, com protestantes da época do Vietnam indo para a cadeia por vestir bandeiras como jaquetas, camisetas, capas e, presumivelmente, até itens mais privados, o Tio Sam ainda aparecia enfeitado com as estrelas e listras. Não tente encontrar lógica na tradição.

No século XX, uma sucessão de cartunistas políticos, de Thomas Nast ao famoso ilustrador David Low, o adotou e Tio Sam teve muito trabalho desde então. Ele encorajou os jovens a se alistarem no exército, lamentou o tamanho da dívida nacional e até apareceu em revistas em quadrinhos publicadas pela National Comics com um garoto chamado Buddy. As histórias frustravam as tentativas nazistas de destruir o país. Os cartunistas atribuíram a ele todas as virtudes imagináveis e, em 1897, o governador Robert Taylor, do Tennessee, disse que Tio Sam era tão corajoso quanto César e tão submisso quanto Moisés.

O ilustrador James Montgomery Flagg foi seu próprio modelo para a famosa figura que mostra Tio Sam apontando o dedo no pôster para recrutamento militar, que afirmava: "Eu quero você." O governo imprimiu mais de 4 milhões de cópias entre 1917 e 1918, quando os Estados Unidos entraram na Primeira Guerra Mundial, e o pôster foi reimpresso durante a Segunda Guerra Mundial.

A imagem de Tio Sam apareceu em tudo, de lancheiras a suportes de caixa postal. Tio Sam, que oficialmente se tornou o símbolo dos Estados Unidos em 1950, também foi adotado como símbolo de neocolonialismo, corrupção, irresponsabilidade militar e avareza corporativa.

Hoje em dia, Tio Sam foi substituído por anúncios pretensiosos de televisão aprimorados com computação gráfica para funcionar como um novo recrutador do exército americano. Já aposentado, ele é dono de uma pequena loja de guarda-chuvas em Manhattan.

É oficial:

De acordo com o website oficial da cidade de Troy, no estado de Nova York, no dia 15 de setembro de 1961, o Congresso americano reconheceu o "Tio" Sam Wilson como o Tio Sam original.

Tom Sawyer e Huckleberry Finn

O livro *As aventuras de Tom Sawyer* é um dos mais inocentes de todos os tempos. Sua continuação, *As aventuras de Huckleberry Finn*, é um dos mais controversos. Os dois livros foram escritos pelo mesmo autor e vários personagens aparecem em ambas as histórias. Essa aparente incongruência é exemplo do gênio de Mark Twain, o autor.

As histórias se passam durante os últimos anos da década de 1850, no nordeste do Missouri, ao longo do rio Mississippi. O rio aparece com destaque em ambos os livros, revelando a fascinação do autor por ele, mas é a forma como os meninos brincam e aprendem no rio que tanto apreciamos.

Tom Sawyer é o personagem principal na primeira história, com detalhes da infância feliz e despreocupada do menino. Tom nos mostra como transformar uma obrigação em prazer. Em um famoso capítulo, a tia de Tom, Polly, manda-o pintar a cerca em frente à casa. Tom não se aborrece; ele finge que a tarefa é uma grande diversão e convence todos os seus amigos não apenas a fazer o serviço por ele, mas também a pagar pelo privilégio. A lição para todos os meninos é clara: use a sua imaginação e você pode transformar uma tarefa chata em gratificante aventura.

Em outro capítulo, como resultado de uma pressuposição errada, os habitantes da cidade acreditam que Tom e Huck morreram afogados no rio. Em vez de revelar que estavam vivos, os meninos se escondem na igreja e ouvem o que seus vizinhos dizem deles durante o velório. Quando eles finalmente aparecem, todos ficam tão alegres em saber que não estão mortos que se esquecem de puni-los pela aventura.

Tom desenvolve afeição pela graciosa Becky Thatcher e ele finalmente a cativa, assumindo a culpa por algo que ela fez. Eles ainda são crianças, então as linhas que se seguem são de censura livre: Tom e Becky ficam presos em uma caverna. Eles não só são resgatados, mas ainda capturam alguns ladrões e conseguem ficar com o produto do roubo como recompensa. Huck participa do resgate e também recebe parte da recompensa. A primeira história termina com os garotos quase atingindo a adolescência.

O segundo romance começa onde o primeiro acaba, mas dessa vez o foco é Huck. Ele é forçado a morar com uma viúva local até que seu pai, de má reputação, retorna, atraído pela recompensa que Huck ganhou na história anterior. Seu pai ganha a custódia de Huck, bem como a recompensa – sugerindo aos leitores que seu papel como pai pode não ser muito confiável. Huck consegue escapar de seu pai com Jim, o escravo da viúva, e os dois se libertam totalmente da sociedade opressiva que os cerca. Eles vivem várias aventuras no rio e Jim quase cai nas garras da escravidão do Sul.

Os dois finalmente estão livres: Jim, pela morte da viúva cujo testamento o libera, e Huck, pela decisão de que não pode mais viver em sociedade. Algumas vezes, a única maneira de se livrar do peso esmagador da sociedade é fazer as malas e fugir, e Huck pretende ir para o oeste.

Huck Finn nos deixa com uma grande controvérsia: o prolongado debate sobre a questão da precisão literária *versus* o vocabulário ofensivo em referência aos negros. Na época em que as histórias são ambientadas, a linguagem refletia as atitudes sociais negativas em relação aos negros em geral, mesmo aqueles libertos. Os personagens de Mark Twain, da década de 1850, utilizam a extremamente ofensiva palavra *nigger*, hoje eufemisticamente referida como "a palavra que começa com *n*", para designar os negros.

Já se passou mais de um século desde que Twain escreveu os livros e a sociedade conseguiu nada além de um progresso lento e errático na direção da igualdade social. A linguagem utilizada nos livros de Twain é agora simbólica daquela sociedade opressiva e é quase tão ofensiva quanto a própria escravidão. Também foram consideradas sugestões de banir os livros por perpetuar o estereótipo, bem como a possibilidade de sanitizar a linguagem dos livros. Mas, até hoje, nenhuma mudança foi feita.

Tom Sawyer ensinou gerações de jovens que, por mais agradável e despreocupada que possa ser a infância, todos temos de crescer mais cedo ou mais tarde.

Huck nos traz uma mensagem muito mais séria. Ao não entregar um escravo foragido, Huck não somente viola a lei, mas também os princípios religiosos da grande maioria dos sulistas, que consideravam pecado ajudar um escravo em fuga. Huck analisa sua consciência e nos diz que prefere ir ao inferno a entregar Jim. A lição, vinda da mente de uma criança, é uma das mais poderosas expressões de integridade moral em toda a literatura. Conforme Huck amadurecia, o mesmo acontecia com a sociedade americana.

9

Literatura

Algumas figuras mais interessantes que você poderá encontrar estão na livraria de seu bairro. Aquele sujeito velho com a armadura enferrujada é Dom Quixote – ele é um lunático ou, como prefere referir a si mesmo, "um homem de visão". Se ele procurá-lo pedindo contribuição para combater gigantes malvados disfarçados de moinhos de vento, simplesmente finja que não está ouvindo.

É melhor evitar alguns desses personagens. Aquela mocinha folheando livros sobre abuso infantil é Dolores Haze, mas nós a conhecemos como Lolita. Não chegue perto dela, a não ser que você esteja preparado para passar os próximos 25 anos na cadeia.

Por outro lado, aquela moça atraente com sotaque britânico, aquela que está na seção de livros românticos, é Emma. Uma mulher agradável cuja missão na vida é certificar-se de que todos os seus amigos façam bons casamentos.

Um personagem na literatura também pode ser criado para vender uma idéia para um público crédulo. Podemos chamar isso de propaganda política. O Grande Irmão é o vilão na aterrorizante história *1984*, de George Orwell. Olhe ao redor e você verá evidências do mundo retratado lá. Se o processo político do mundo está se movendo na direção de um pesadelo orweliano, não podemos dizer que não fomos avisados.

Na literatura, encontramos vários tipos de personalidade, cada um único em sua singularidade. A maioria desses personagens vive em longas histórias com enredos complexos: romances, poesia, sátira, contos e peças. Nessa ampla categoria, você encontrará Dr. Jekyll, Mr. Hyde, Madame Bovary, Jane Eyre, entre outros. Quase metade dos personagens deste livro começou na literatura.

Não importa se são heróis ou vilões ou se têm problemas de personalidade, eles são pessoas influentes que não podemos ignorar.

Dom Quixote

No começo do século XXI, um grupo de cem respeitados escritores selecionou *Dom Quixote* como o maior romance de todos os tempos.

Na história, Miguel de Cervantes Saavedra (1547-1616) nos mostra as conseqüências negativas de seguir um modo de vida absurdamente fora de moda. Ele nos lembra que mesmo uma pessoa inteligente pode ser vítima de sua própria estupidez.

O personagem central da história, um cavalheiro magro e frágil de 50 anos, é viciado em livros de cavalaria e passa todo seu tempo imerso nessas histórias descompromissadas de cavaleiros e escudeiros. Ele fica tão absorto nesse universo que o toma literalmente e acaba enlouquecendo e se convencendo de que sua missão na vida é tornar-se cavaleiro errante.

Ele encontra uma armadura que tinha pertencido a seu bisavô e reforma o capacete com papelão. Depois, dá a seu alquebrado pangaré o nome de Rocinante e decide que a partir daquele momento ele será Dom Quixote de la Mancha.

Não faltava mais nada além de uma donzela por quem se apaixonar e ele escolhe, à revelia dela, uma camponesa corpulenta, Aldonza Lorenzo, a quem dá o título de Dulcinéia del Toboso. Ela será a inspiração para todas as suas aventuras, apesar de nunca aparecer no romance.

Uma manhã ele veste sua armadura e sai pela estrada. Em sua primeira aventura como cavaleiro, ele encontra um fazendeiro batendo em um garoto. O homem explica que emprega o garoto para cuidar de um rebanho de carneiros, mas o pirralho perde um carneiro por dia. Dom Quixote impede o espancamento e ameaça atacar o homem a não ser que ele pague ao garoto as 63 moedas devidas. O homem promete que irá fazê-lo e o cavaleiro parte cavalgando em triunfo. Mas, assim que o perde de vista, o fazendeiro continua batendo no garoto ainda mais cruelmente do que antes.

Alguns quilômetros adiante, Dom Quixote vê alguns mercadores caminhando pela estrada e exige que eles parem e jurem para o mundo inteiro que não há donzela mais bela que Dulcinéia del Toboso. E eles deveriam fazer o juramento sem delongas, sem ao menos ter visto uma foto dela. Ofendido pela demora, Dom Quixote investe contra eles. Entretanto, Rocinante tropeça e cai. Um dos homens cumprimenta o cavaleiro caído, espanca-o e o deixa ferido no chão. Por sorte, dois homens que moravam na mesma vila que Quixote o encontram e o levam para casa.

Duas semanas mais tarde, ele persuade um fazendeiro ignorante, Sancho Panza, a ser seu escudeiro, e eles partem pela estrada. Logo eles encontram vários moinhos de vento, que Dom Quixote imagina serem gigantes monstruosos. Ele declara que irá banir essas criaturas do mal da face da Terra e clama por Dulcinéia para dar-lhe forças diante de tal perigo. Ele investe sobre o primeiro moinho, mas, quando espeta sua lança em uma pá, o vento gira as pás, quebrando a arma e lançando Dom Quixote ao chão. Depois do frustrado ataque, ele declara que um mágico, que queria privá-lo da honra da vitória, havia transformado os gigantes em moinhos de vento.

Sempre que é derrotado, ele atribui seu fracasso à magia de algum adversário. Quando consegue uma vitória, normalmente é prejudicando algum inocente, como quando ataca uma procissão fúnebre pensando serem demônios raptando uma princesa ou quando confunde um rebanho de carneiros com um exército inimigo.

Finalmente, Dom Quixote chega em Barcelona, onde um velho amigo disfarçado o desafia a um combate e o derrota. Seu amigo leva-o para casa onde, privado de suas ilusões, ele logo adoece, renuncia à cavalaria e morre. Ele nos deixa pelo menos uma palavra, "quixotesco", que quer dizer ingênuo, romântico, sonhador, que se envolve em trapalhadas. E, assim, a cavalaria errante se extingue mais uma vez.

Ivanhoé

Todos nós já ouvimos falar de Ivanhoé e é por isso que o incluímos neste livro. Podemos até nos lembrar dele do romance escrito por Sir Walter Scott, em 1819, de mesmo nome. Mas poucos de nós conseguem se lembrar do que ele fazia na história. Isso provavelmente acontece porque o confundimos com Robin Hood, que também aparece no romance. Também pode acontecer porque, durante a maior parte da história, ele está convalescendo, morimbundo e não é necessariamente loquaz.

A história de Ivanhoé exalta os benefícios positivos da reconciliação, tanto política quanto religiosa. Trata-se de um mito político que une, em paz e cooperação, os conquistadores normandos (franceses) da Inglaterra e os saxões nativos no século XIII. Ivanhoé personifica essa reconciliação com sua lealdade tanto pelos normandos quanto pelos saxões, para benefício dos dois grupos.

O herói da história, Wilfred de Ivanhoé, é filho de Cedric, um lorde saxão que espera forjar uma aliança entre os saxões derrotados, fazendo com que Rowena, descendente de Alfredo, o Grande, e que está sob sua custódia, se case com Athelstane, descendente de Eduardo, o Confessor. Entretanto, Ivanhoé ama Rowena, o que ameaça o plano. Para prosseguir com sua estratégia, Cedric deserda seu filho. O jovem rapaz se une à Terceira Cruzada e, em companhia de Ricardo Coração de Leão, o rei normando da Inglaterra, viaja para a Terra Santa. O romance começa quando Ivanhoé retorna à Inglaterra e descobre que o Príncipe John planeja destituir seu irmão, o Rei Ricardo.

Um torneio está sendo conduzido, no qual o Príncipe John planeja impressionar os saxões com a valentia e habilidade de combate superior de seus cavaleiros normandos. Ivanhoé e o Rei Ricardo, ambos disfarçados, chegam para vencer todos os homens do Príncipe John, mas Ivanhoé se fere na batalha. Uma bela jovem judia, Rebeca, torna-se sua enfermeira, mas, antes que Ivanhoé consiga se recuperar totalmente, um barão leal ao Príncipe John captura Rebeca e a leva à força para seu castelo. Lá, ela é acusada de bruxaria, mas escapa da execução imediata, exigindo um julgamento pelo combate. Ivanhoé surge como seu campeão e a salva.

No final da história, o Rei Ricardo reconcilia Ivanhoé com seu pai, Cedric, que consente o casamento entre Ivanhoé e Rowena. Rebeca também ama Ivanhoé, mas ela sabe que esse amor é inútil. Ela e seu pai partem para a Espanha, onde esperam se refugiar da intolerância.

Ivanhoé foi o primeiro romance inglês a tratar seriamente questões como nacionalidade e etnia.

Os ingleses veneravam seus ancestrais saxões e suas leis antigas. Desenvolvendo a idéia de uma aliança entre o Rei Ricardo e Ivanhoé, Scott conduziu o rei normando a um contato próximo com o povo inglês e, no romance, ele foi aceito como sendo inglês.

Ivanhoé foi um personagem mítico, mas a história revela que Ricardo Coração de Leão foi o rei da Inglaterra entre 1189 e 1199 e que o plano de John para destituí-lo foi realmente levado a cabo, mas fracassou. Entretanto, depois de Ricardo morrer em uma batalha em 1199, John ascendeu ao trono como o Rei John. Em 1215, ele assinou a Carta Magna.

Depois de duas devastadoras guerras mundiais na Europa no século XX, os países decidiram tentar a alternativa da reconciliação. Assim, podemos dar a Ivanhoé os créditos por ser o precursor da União Européia.

Agora, se por acaso você encontrar a sua professora de literatura da época de escola, poderá impressioná-la com seus profundos conhecimentos sobre história. Talvez você até possa perdoá-la por todas as vezes em que ela interrompeu sua soneca durante as aulas para fazer perguntas inconvenientes.

Capitão Ahab

Ahab é o capitão de meia-idade do navio de pesca de baleias *Pequod*, no romance de Herman Melville, *Moby Dick*, de 1851, e é a mais influente incorporação da obsessão e da insanidade. Ahab passou a representar qualquer líder imponente ou não-confiável. Seu adversário, a baleia branca, representa um objetivo não-realista.

Ahab foi pescador de baleias por 40 anos. Em uma expedição anterior, ele havia combatido a enorme, velha e elusiva baleia branca, que os marinheiros chamavam de Moby Dick, e perdido uma das pernas. Ele interpretou o encontro como um sinal de que a violência e a maldade dominam o mundo e jurou que se vingaria do amaldiçoado e malicioso monstro.

Agora, ele está no comando do *Pequod*, que parte de Nantucket no Natal. Uma vez em alto mar, ele reúne a tripulação no convés, relata a eles sua batalha e mostra seus ferimentos, exortando-os a se unirem à sua vingança. Os homens, motivados pelo álcool e por Ahab, fazem juramento para caçar Moby Dick. Eles sabem que não estão em uma viagem qualquer de pesca de baleias.

No começo, não podemos culpar Ahab. No mar, ele é um bom e respeitado capitão e um líder altamente carismático. Em terra, ele tem esposa e um filho. Mas ele nunca esteve em terra por mais de 3 dos últimos 40 anos, e ficou com sua esposa somente uma noite, deixando-a no dia seguinte ao casamento para embarcar em uma expedição. Sua obsessão é seu trágico defeito. Eles contornam o Cabo da Boa Esperança e cruzam o Oceano Índico, onde matam várias baleias e extraem o valioso óleo do animal. Então eles adentram o Pacífico em busca de Moby Dick e, aos poucos, começamos a perceber que Ahab está consumido pela obsessão.

Enquanto Ahab prossegue em sua busca, vemos mais sinais de sua perturbação: suas oscilações de humor, seu sono intermitente, a maneira como evita outros navios baleeiros, seus pesadelos. Quando o navio é atingido por relâmpagos, alterando os compassos da embarcação, Ahab declara-se a única orientação necessária para a tripulação. Ele vê a si mesmo como uma criação maligna, uma ferramenta do destino, levado a combater o símbolo de uma força ainda mais maligna. Não é um mero ódio por um animal impossível de capturar. Ele vê Moby Dick como a própria incorporação ou agente da maldade. Ele está lutando contra tudo o que considera mal no mundo, todo o mundo natural não humano, não submisso, incontrolável. Diferentemente de Jonas, que ficou preso em uma baleia por recusar-se a obedecer aos comandos de Deus, Ahab está ansioso por um conflito. Ele está disposto a arriscar tudo em um combate com o qual ele poderá medir forças com os elementos da escuridão. Ele forja seu próprio arpão e o batiza em sangue, em nome do demônio. De certa forma, Moby Dick é o mal que reside no próprio Ahab. O fato de sua tripulação o seguir é uma tragédia de natureza diferente. Alguns não conseguem enxergar para onde estão indo, alguns se refugiam na loucura, alguns vivem sem pensar no futuro. O braço direito do capitão, decente demais para matar Ahab enquanto dorme, condena a tripulação pela falta de iniciativa quase tão fatalmente como se tivesse matado a todos com suas próprias mãos.

Depois de longos quatro anos no mar, eles localizam a baleia branca. Com toda a sua força, Ahab se apressa para entrar em ação e observamos quando os barcos de pesca são lançados e começam a perseguição, com Ahab se posicionando na frente de um, com o arpão nas mãos. Eles saem três vezes para a caçada e combatem por três dias. Ahab acerta a baleia com seu arpão. Em retribuição, a insolente baleia se vira e abre um buraco no *Pequod*. Vendo seu navio afundar rapidamente, Ahab se enfurece e lança um segundo arpão na baleia. Mas a corda presa ao arpão se enrola ao redor do pescoço de Ahab, puxa-o para fora do barco e ele morre afogado. Moby Dick desaparece; o símbolo da natureza invulnerável contra a qual o homem nada pode fazer. Todos são sugados pelo redemoinho que se forma com o navio afundando e se afogam, exceto Ishmael, que sobrevive para contar a história.

Algumas pessoas atribuem importância divina aos aspectos mais comuns da vida, como suas necessidades, missões e batalhas pessoais. Em lideranças políticas e corporativas, as crenças levam a guerras, demissões injustas, atos cometidos às cegas, escândalos e falências. Listar tudo levaria milênios. *Moby Dick* é aclamado como um dos grandes romances clássicos, por isso, muitos de nós já o lemos ou conhecemos a história. Mas, mesmo assim, continuamos a seguir o exemplo daqueles homens, em suas estranhas obsessões, ignorando todos os maus agouros e as advertências.

Podemos encontrar pelo menos um conselho prático na história: não caia na conversa de Ahab ou de alguém como ele.

Talvez você não saiba...

Melville, o autor, passou um tempo no mar e descreve o universo de um baleeiro em detalhes.

Logo no começo do livro, Melville menciona o caso do *Essex*, um navio baleeiro afundado por uma baleia em 1820; o navio *Union*, afundado em 1807; e vários outros ataques de baleias.

Os maus agouros que Ahab ignora incluem um pássaro que rouba seu chapéu, o navio atingido por relâmpagos, baleias nadando ao redor do navio, peixes que antes estavam seguindo o navio mas passam para um outro navio, dois relatos de navios baleeiros danificados ou com a tripulação perdida para Moby Dick, dois barcos atacados por Moby e a perna artificial de Ahab sendo esmagada pela baleia.

Ahab nos levanta a questão de quanto controle temos sobre nossas próprias ações.

A tripulação do *Pequod* é multinacional, incluindo holandês, dinamarquês, chinês, português, espanhol, irlandês, pelo menos dois muçulmanos e um canibal.

Melville atribui o sucesso ou o fracasso de uma viagem aos homens que manejam o arpão.

O Médico e o Monstro

Um único personagem com duas identidades marca a estréia de Robert Louis Stevenson em 1886 no então novo universo da psicologia. Ele propôs que um único corpo físico pode hospedar duas personalidades distintas; assim, ele inadvertidamente liberou sobre o público geral o fenômeno das personalidades divididas e múltiplas, anteriormente uma loucura obscura observada somente por alguns poucos profissionais. Ao sugerir que a preponderância de uma dessas personalidades poderia ser ativada por substâncias químicas, ele preparou o terreno para uma indústria inteira de medicamentos psicoativos. Além disso, ao sugerir que essas diferentes personalidades poderiam ser expressas como dois padrões diferentes de comportamento, ele preparou nossa cultura para a defesa nos tribunais, ao alegar insanidade. Stevenson antecipou Freud por apresentar um conflito interno entre o bem e o mal em um único indivíduo.

Stevenson apresenta um advogado, Sr. Utterson, que nos ajuda a desvendar o enredo. A apresentação é feita no verdadeiro estilo de histórias de mistério. Fragmentos de evidências de que os dois "indivíduos" são uma única pessoa são revelados ao leitor aos poucos, de forma a instigar sua curiosidade. Em momento algum encontramos de fato Hyde, o "monstro", e não há provas de que ele existe e que compartilha o mesmo corpo com Dr. Jekyll, o médico. A própria transformação de médico em monstro ou vice-versa nunca é explicitada no texto. O narrador também não apresenta nenhuma descrição direta de nenhuma das personalidades. O esclarecimento final do mistério é feito por meio de uma nota escrita pelo próprio Dr. Jekyll.

Acompanhamos o mistério através dos olhos de três amigos de Dr. Jekyll, que contam uns para os outros vários episódios da vida do médico. Eles falam de seu espanto ao perceber que um assassinato particularmente macabro e não solucionado – de um cliente de Utterson – pode ter sido cometido com a bengala de Dr. Jekyll. À medida que eles vão montando o quebra-cabeças, o espanto se transforma em horror e confusão ao perceberem que foi Dr. Jekyll quem cometeu o assassinato. Eles falam sobre os bons tempos que passaram com o médico enquanto tentam entender como o seu amigo poderia ter feito tal coisa. Enquanto consideram a situação, a carta contendo a confissão de Jekyll é entregue ao três.

O que pode ser tão surpreendente quanto a natureza radical da proposta do autor foi a calorosa recepção do público pela história. O livro vendeu 40 mil exemplares nos primeiros seis meses. Em um ano, já havia versões teatrais para o conto. Atores se compraziam em explorar o desafio de transitar de um lado para o outro entre as personalidades radicalmente diferentes. Versões para o cinema apareceram já em 1908. Em todas essas adaptações, a transformação do médico em monstro é visualmente dramatizada, muitas vezes com o uso de dentes falsos e pêlos, deturpando o modo como a história foi originalmente contada.

Stevenson chocou a Inglaterra com sua história sombria sobre um louco assassino que compartilha o corpo de um respeitável médico. Levou décadas para que as idéias radicais de Stevenson se imiscuíssem na cultura geral e afetassem a ciência e a sociologia e, quando isso aconteceu, os resultados foram impressionantes.

Interlúdio

O processo de escrita

Talvez você tenha se perguntado qual foi o processo para escrevermos este livro. Fomos quatro a escrever, contando com Yogi, o cão de Allan. Cada um escolheu um personagem favorito, fez uma pesquisa na Internet e foi para a biblioteca local, que costuma ter ar-condicionado, mesmo no inverno. É um lugar tranqüilo, eles oferecem café e você pode ler romances cor-de-rosa enquanto finge que está procurando livros sobre filosofia existencial. As bibliotecas são organizadas em prateleiras monstruosas que o obrigam a percorrer centenas de metros até chegar aos volumes enormes que procura. Depois que cada um escrevia algumas páginas, nós nos reuníamos ao redor da mesa de carteado na casa de Dan e, se ninguém tivesse se lembrado de levar as cartas, começávamos a trabalhar. O tópico poderia ser Madame Bovary, mas de alguma forma Allan citaria um livro de 800 páginas só disponível na Noruega – nas prateleiras inferiores de uma biblioteca em Leirvik. Você pode se perguntar o que o Venerável Bede e Erik, o Bárbaro, tinham a dizer sobre Madame Bovary, mas de alguma forma Allan sempre encontrava um comentário útil. Jeremy faz muitas citações de quadrinhos do Batman, Dan pesquisa as grandes questões da genética molecular e Yogi mastiga qualquer coisa que caia no chão. Por algum motivo, esse processo funciona.

Lemos cada artigo em voz alta e todos os quatro fazemos críticas, até mesmo contradizendo os próprios textos. Então, saímos para almoçar. Vamos a um pequeno restaurante no fim da rua, onde eles têm vários empregados e a mesma variedade de sanduíches, espaguete, creme de milho e tortas de queijo. Há uma abobrinha gigante na frente, que ocupa o espaço de duas vagas de deficientes e grita coisas sobre os direitos dos vegetais. Passamos por ela, educadamente colocando uma moeda no balde de contribuições, e comemos algumas panquecas, abóbora assada, bolo de carne e torta e chocolate e voltamos para retomar nosso dia de trabalho. Dan verifica a pontuação e a gramática, colocando vírgulas tiradas de um grande balde que ele guarda embaixo da pia. Allan dá um jeito de incluir Nietzsche and Kierkegaard e discutimos de novo, indo de um lado para o outro, como uma espécie de partida de tênis literária. Então saímos para jantar.

Yogi fica no carro. Ele foi banido do restaurante por fazer xixi em um filé de salmão que estava cozido demais. Pagamos a conta e deixamos uma boa gorjeta, dependendo de quantos frascos de catchup tivermos esvaziado uns nos outros.

Já de volta à casa, nosso pessoal se une a nós. Temos o Stubb, um peixeiro aposentado, um camarada rechonchudo de meia idade, com cabelos encaracolados e camisa xadrez. Ele não pode entrar no restaurante. Ele é imaginário, veja bem, e eles não costumam servir pessoas desse tipo. Stubb edita palavras começando com *A* e qualquer frase que inclua um gerúndio. Temos também Emma, uma mulher alta e magricela, de cerca de 38 anos, com sotaque francês, longos cabelos castanhos e um certo cheiro de baunilha. Ela também é fictícia, mas faz um bom café e leva o cachorro para o restaurante. "Oi. O que é um gerúndio?" "É um pequeno animal que caça gatos", dizemos a ela. Não que você irá achar um gerúndio no zoológico, talvez ao lado da jaula do pimentão, mas uma pessoa fictícia não precisa saber essas coisas.

Enquanto ela começa a fazer o café, John entra: "Olá! Alguém em casa?" John é um amigo real e anda mancando em conseqüência de um acidente de carro. Ele tem cerca de 50 anos, é baixo e tem ombros largos. John aparece duas vezes por semana para verificar a tipologia. Ele insiste sobre esse ponto porque, quando estava no exterior, ele aprendeu que metade de todos os livros é vendida por causa da tipologia. Mas não pode ser nada extravagante, porque, se for, as pessoas irão esperar frases de efeito. Jeremy pergunta qual é a função dele no livro. "Edição. Você não leu o último parágrafo?"

Stubb: "Eu gostaria de algum efeito."

Dan: "Você é um ser imaginário. Faça você o seu próprio efeito."

De repente a casa começa a ficar cheia, mesmo com só duas pessoas imaginárias. Stubb nos corrige: ele é imaginário, não fictício.[1] Algumas pessoas simplesmente são literais demais. Você está em um bar, com um pequeno grupo de jazz no palco e um cara no trompete tocando, digamos, Miles Davis. Você está tomando um expresso, daqueles fortes e amargos servidos com limão, e vinho branco em pequenas taças longas. Um cara qualquer a seu lado diz: "Não, isso é um trombone soprano", e sugere discutir o assunto no estacionamento. Você pode pensar que poderíamos elaborar personagens melhores para nos ajudar. Yogi desenvolveu três personagens que eram excelentes editores, mas eles decidiram que não precisavam de nós e se mudaram para St. Paul, onde abriram um pequeno clube de jazz combinado com uma loja de sanduíches para pessoas fictícias que não podem entrar em restaurantes normais.

Mais ou menos lá pelas duas da manhã, começamos a trabalhar no artigo de Moby Dick, a baleia branca. Tratava-se de uma baleia real, sua cor estava mais para o achocolatado – Moca Dick, provavelmente de tanto tomar café. John pergunta se Moby fundou o Greenpeace ou um sindicato de baleias. Allan cita uma passagem sobre pesca de baleias do livro de Kierkegaard, *A filosofia dos peixes brancos*, e Stubb discursa sobre o retorno do investimento da pesca de baleias na década de 1850, apontando que a atividade continuou sendo lucrativa até os anos 80. Não para as baleias, é claro. John nos lembra que muito poucas baleias comprarão este livro – as livrarias costumam ficar muito longe e em terra firme, além de as portas serem estreitas demais. Sem contar que não existem rampas de acesso para baleias. Jeremy esboça um retrato de Long John Silver[2] para um texto que ele não pretende escrever, en-

---

[1] *Nota dos Autores*: Não há diferença alguma, mas tente dizer isso a ele.

[2] *Nota da Tradutora*: Long John Silver's é um restaurante americando de fast-food especializado em frutos do mar e peixe com batatas fritas. O nome vem do pirata fictício Long John Silver, do romance de Robert Louis Stevenson, *A ilha do tesouro*.

quanto Dan e Stubb debatem sobre os direitos legais das criaturas marinhas. Depois de uma hora de discussão acalorada, eles descobrem que concordam um com o outro. Já é hora de concluir o dia. Além disso, já perdemos o café da manhã. É hora de almoçar de novo. E lá encontramos novamente a abobrinha gigante e uma baleia na calçada, ambas ameaçando processar o estabelecimento pela falta de rampas de acesso...

Pretendemos escrever sobre elas na próxima edição.

10

Literatura infantil

Nesta categoria, um aspecto da história é sempre claramente impossível, então, mesmo se outros aspectos são plausíveis, o conto é, sem dúvida, ficcional. Trens e coelhos não podem falar, e gatos não são conhecidos por usar cartolas.

Já na Grécia antiga, o escravo Esopo compôs fábulas, muitas delas com animais falantes que nos ensinavam lições preciosas por meio de suas aventuras e comportamento. Ouvimos essas histórias quando somos crianças, e as fábulas nos acompanham ao longo da vida, formando parte de nosso embasamento moral.

Depois de digerir vários séculos de literatura escrita para crianças (ou escritas para adultos e depois destinadas a crianças), reconhecemos que a educação moral é o verdadeiro propósito dessas histórias, e a diversão é o açúcar que faz com que as crianças engulam o remédio.

Lewis Carroll tem razão em usar duas centenas de páginas de bom papel para manter a pequena Alice Liddell distraída por uma tarde? Considerando as lições aprendidas do outro lado do espelho, podemos responder em coro e voz alta: sim.

O Patinho Feio

Os pais têm contado essa história a seus filhos por mais de 150 anos e vão, sem dúvida, continuar a fazê-lo ao menos que consigamos encontrar um modo de boicotar essa fábula ultrajante. Para aqueles que não se lembram da história escrita por Hans Christian Andersen em 1844, segue um resumo.

Em um dia de verão, vários patinhos saem dos ovos, todos adoráveis, menos o último. Ele vem do maior ovo e era "diferente", feio. Por causa disso, ele sofre abusos físicos e emocionais.

Incapaz de suportar esses maus-tratos, ele foge. Ao longo do outono e do inverno, ele passa por muitas aventuras perigosas e enervantes. Ele é quase morto por caçadores e seus cães, mas escapa e encontra abrigo na cabana de uma mulher. Entretanto, ela logo o expulsa porque ele não botava ovos.

Durante o inverno, o patinho fica preso na superfície congelada de um lago. Um camponês liberta-o e o leva para casa, mas as crianças têm medo dele. Como resultado, ele é expulso de novo e tem de passar o resto do impiedoso inverno com frio e fome.

Na primavera, ele vê três lindos cisnes brancos e voa para a água perto deles. Totalmente desencorajado e deprimido pelas rejeições constantes, o feioso pede aos cisnes que o matem e curva sua cabeça esperando a morte. Mas, com esse gesto, ele vê sua imagem na água. Ele não era mais feio, mas um lindo e gracioso cisne, o mais bonito de todos. Os cisnes mais velhos se curvaram diante dele. Em sua glória, ele nos diz que nunca poderia ter sido tão feliz se tivesse permanecido como um patinho feio.

Enquanto os pais podem argumentar que estão meramente apresentando a seus filhos, especialmente às meninas, as realidades do mundo, eles deveriam pensar nos valores distorcidos que estão promovendo e pôr um fim a essa tolice. Na verdade, é pior que tolice. A história é absolutamente insultante e degradante para a grande maioria de nós que permanecemos "patinhos feios" ao longo de todas as nossas vidas.

A fábula ignora nosso valor inerente, nossa inteligência, a riqueza do conhecimento adquirido, do trabalho duro e da capacidade criativa. Ela dá aprovação tácita à crueldade e marginalização infantis daqueles que são "diferentes", enquanto ignora o conceito humanístico do valor de cada pessoa.

Deveríamos encorajar nossas crianças a desenvolverem sua força mental, emocional e física. Deveríamos ensiná-las a não contar somente com a aparência física.

Vamos parar de ensinar às nossas crianças que a beleza é o foco central de seu valor, que a atratividade de uma mulher é sua "riqueza" na vida. A história de Andersen reforça as mensagens sem fim que convencem uma menina de que ela é inferior, a não ser que seja bonita. Ao aceitar esses valores, você entra em um mundo no qual espera-se que o marido possa trocá-la mais tarde por uma "mulher-troféu" mais jovem e atraente.

Pedimos que se una àqueles de nós que fechamos nossas portas para a mensagem ofensiva do patinho feio ao preferirmos valorizar o mérito intrínseco de todas as crianças.

Alice no País das Maravilhas

A Alice de Lewis Carroll (*Alice no país das maravilhas e Alice no país do espelho*) é a voz da simples e imperturbável razão em um mundo enlouquecido. O fato de ela também ser uma criança é testemunho do sentimento emergente nos anos finais do século XIX: o mundo das crianças não é somente uma versão mais simples do mundo adulto, mas um mundo radicalmente diferente. As crianças não são simplesmente adultos pequenos, mas uma espécie quase totalmente à parte.

Lewis Carroll escreveu *Alice no país das maravilhas* em 1865 e o livro foi sucesso instantâneo. Os personagens que ele criou – a própria Alice, o Chapeleiro Louco, o Gato Risonho, a Rainha de Copas e outros – imediatamente conquistaram a preferência das crianças. Os adultos vêem muitos dos personagens de Carroll como metáforas para uma variedade de questões de pessoas já crescidas.

Os dois mundos nos quais Alice vive suas aventuras são talvez a fantasia mais extravagante de toda a literatura. Onde estaria o imaginário maluco e extraordinário de *Monty Python's Flying Circus* sem a imaginação de Lewis Carroll para iluminar o caminho? E quem, tendo lido as histórias, pode esquecer o coelho que insiste que está tarde, a Rainha de Copas que quer cortar as cabeças de todo mundo ou a Tartaruga Falsa, da qual se pode fazer uma Sopa de Tartaruga Falsa?

Enquanto isso, um outro aspecto vem à tona. Alguns dos encontros de Alice refletem singularidades reais na vida real. Por exemplo, no domínio da física quântica, surpresas são a regra e o bom senso não parece funcionar. Pode não ter sido coincidência que entre a primeira geração que se divertiu com as histórias de Alice estavam virtualmente todos os cientistas que viraram de cabeça para baixo o mundo da física nos anos 20 com suas propostas no campo da mecânica quântica. Lewis Carroll (Charles Lutwidge Dodgson) era um matemático na vida real, de forma que faz sentido que esses jovens leitores tenham crescido para revolucionar a física com sua matemática aparentemente louca.

A transformação de crianças em adultos é menos como o crescimento de uma árvore de um broto e mais como a metamorfose de um girino em sapo. Da mesma forma como a maioria dos sapos provavelmente não reconheceria um girino como tendo qualquer relação com eles, a maioria dos adultos não entende as crianças. Lewis Carroll foi uma notável exceção, como foram J.M. Barrie (*Peter Pan*) e L. Frank Baum (*O mágico de Oz*). É particularmente interessante que todos esses escritores tenham se desenvolvido e deixado para a humanidade o legado de seus tesouros durante o mesmo período, de 1865 a 1910.

Mas, com Alice, o mundo adulto é que é absurdo, enquanto o dela é sensato. Por outro lado, a maioria dos adultos enxerga seu mundo como realista e o mundo das crianças – o mundo dos brinquedos e das fantasias – como pertencente ao domínio da ilusão.

As crianças podem crescer acreditando que o mundo dos adultos é maluco, mas que, quando *elas* crescerem, *elas* saberão como consertar as coisas, como eliminar a loucura e restaurar a ordem. É bom encorajarmos as crianças a pensar assim. Pode ser a ambição que irá sustentá-las até elas crescerem e perceberem que o mundo dos adultos não é tão louco como pensavam. E, quando elas lerem de novo *Alice no país das maravilhas* para seus próprios filhos, elas poderão, mais uma vez, descobrir e apreciar o que elas gostavam, da perspectiva não sofisticada de uma criança.

Assim, Alice serve como ponte entre as gerações. Essa conexão se torna mais importante à medida que, com cada geração, o abismo entre jovens e adultos algumas vezes parece crescer.

Para as crianças, a lição é mais comum: esteja preparado para o ridículo, esteja preparado para ser surpreendido. E, se você aprender o que funciona em um mundo estranho, estará mais bem equipado para descobrir o que funciona em um mundo mais conhecido. À medida que você avança pela vida, está preparado para a futilidade da cultura contemporânea e para lidar com as pessoas sensatas e também com as loucas que habitam no mundo, graças a Alice.

Peter Pan

Peter Pan, o menino que nunca cresce, indiretamente satisfez aquela fantasia dos adultos, especialmente quando diante dos aspectos mais penosos da vida. Quando estamos desanimados com a vida, Peter Pan pode nos dar uma injeção de ânimo.

James M. Barrie teve a primeira idéia para o personagem de Peter Pan em 1897, depois de um jantar na casa da Sra. Sylvia Davies. Quando Barrie notou que ela estava contrabandeando da festa alguns docinhos para seus filhos, os dois se engajaram em uma animada conversa. Barrie, que nunca teve filhos, fez amizade com a família Davies e desenvolveu um vínculo especial com George, o filho de 6 anos. O tema da infância eterna desenvolveu-se dessa associação com os filhos dos Davies.

Em 1900, Barrie já tinha os primeiros esboços da história, elaborados por meio da troca de idéias com George, que estava na idade da curiosidade em relação às outras crianças. Dessas conversas, Barrie desenvolveu as histórias de Peter – o nome do irmão mais novo de George –, uma criança que podia voar. Barrie sugeriu a George a idéia divertida de que em sua infância não tão distante, George teria sido capaz de voar e que, se ele tentasse bastante, poderia imaginar um passado cheio de aventuras no ar, acima das árvores.

Barrie criou um personagem com o qual as crianças pudessem se identificar. O nome vem do irmão de George Davies, Peter, e o deus das florestas, Pan. E assim surgiu Peter Pan.

Em 1901, Barrie acompanhou a família Davies em suas férias para o Lago Negro (no sudoeste de Londres), passando muito tempo com os cinco filhos da família. Ele tirou fotos deles brincando, em especial de suas aventuras inventadas de lutas de espadas e piratas. Daí surgiu o livro *Os meninos náufragos da Ilha do Lago Negro*. O local foi claramente a inspiração para a Terra do Nunca.

O filme high-tech de 2003, *Peter Pan*, preserva muito da história original de Barrie. Na história, uma noite, depois de uma discussão particularmente difícil entre a Sra. Darline e seus filhos – Wendy, Michael e John –, Peter Pan entra no quarto das crianças pela janela (que está aberta apesar de ser inverno e estar muito frio). Depois de argumentar um pouco com as crianças, Peter as leva para a Terra do Nunca. É uma jornada que eles conseguem fazer voando, graças ao faz-de-conta e à ajuda do pó de fada fornecido por Sininho, a pequena companheira de Peter. Uma vez na Terra do Nunca, eles conhecem os Meninos Perdidos, outras crianças que fugiram de suas casas, onde se não sentiam queridas. Eles encontram o inimigo mortal de Peter, o Capitão Gancho, e seu grupo de piratas. Na história, presenciamos várias lutas de espadas e contratempos – Peter é capturado e resgatado e finalmente o Capitão é derrotado. Wendy diz a Peter que quer voltar para casa, um desejo compartilhado por seus irmãos mais novos. Uma vez de volta à casa, eles consolam seus pais desesperados, que aprenderam o quanto sentiam a falta da agitação incontrolável e despreocupada de suas crianças. A família tem um feliz reencontro e os Meninos Perdidos, também com saudades do lar, se unem aos Darling. Peter fica na Terra do Nunca sozinho com Sininho, esperando permanecer vivo na memória de Wendy, para que ela cresça e conte a história para os filhos, e os filhos para os seus próprios filhos.

Barrie criou o tipo de história que ele provavelmente queria ter ouvido quando era criança e gostaria de contar para os filhos que nunca teve – sobre a vida como uma grande aventura, sobre olhar para o futuro com entusiasmo e fascinação. Essa postura apresenta um enorme contraste com a atitude austera, dura, severa e rigorosa do Sr. Darling e de alguma forma compartilhada por sua esposa. É fácil imaginar que as crianças dos Darling, vendo como seus pais eram tristes, desejariam nunca crescer, mas permanecer crianças para sempre, protegidos da tristeza que permeia o mundo dos adultos.

Barrie desenvolveu as aventuras dos pequenos Davies no romance *The Little White Bird*. Nessa história, o pequeno Peter Pan voa do berço todo dia, tem suas aventuras e retorna à noite. Um dia, entretanto, ele deixa de voltar para casa e fica fora um ano inteiro. Quando volta para casa, encontra sua mãe cuidando de um novo bebê. O esboço veio da infância do próprio Barrie. Sua mãe ficou distante depois da morte precoce de David, o irmão mais velho de Barrie, e ele precisou lidar com a pressão de sua mãe para crescer antes de estar preparado.

A peça *Peter Pan* surgiu já em 1904 e foi sucesso imediato. Barrie recebeu todas as glórias por uma peça mágica, capaz de transportar os adultos de volta à sua própria infância. Peter representa aquela criança em todos nós, que se diverte demais, que se recusa a crescer, e o próprio Barrie insistia que ele, James Barrie – não o jovem Peter Davies – foi "a criança que jamais cresceu". Como escreveu Claudia Black: "Nunca é tarde demais para ter uma infância feliz."[1]

Desde então, a história de Peter Pan transformou-se em freqüentemente produzidos musicais e filmes, além de peça interativa escrita pelo próprio Barrie. Muitos atores e – especialmente – atrizes fizeram ou aumentaram a fama com o papel de Peter Pan, mais notadamente Mary Martin, de 1954 a 1961, e Sandy Duncan, em 1979. Em 1953, Walt Disney produziu o desenho animado. Sininho tornou-se um dos personagens mais famosos da Disney, especialmente na introdução mágica ao clássico programa de televisão *Wonderful World of Disney*. Outros escritores aproveitaram a deixa e filmes derivados incluíram *A volta do Capitão Gancho* (1991), com Robin Williams, e os filmes da Disney *De volta à Terra do Nunca* (2002), *Terra do Nunca* (2003) e *Em busca da Terra do Nunca* (2004).

Em 1911, Barrie publicou a história no romance *Peter e Wendy*. Em 1929, Barrie, sem filhos, cedeu os direitos do personagem para o hospital infantil Great Ormond Street, fundado em 1852. Quando os direitos autorais originais expiraram, em 1987, o governo inglês, em 1988, estendeu a perpetuidade dos direitos para certas encenações da história, que continuam a beneficiar o hospital.

A popularidade de Peter Pan garantiu que a doação fosse substancial. Em 1996, termos de direitos autorais foram estendidos a 70 anos em toda a União Européia, retroativamente retomando os direitos a Peter Pan para o

---

[1] *Nota da Tradutora*: A frase é título de um livro da autora americana Claudia Black, não traduzido no Brasil, com mensagens para pessoas que sobreviveram a uma infância ruim.

hospital até 2007 (o ano-base é 1937, quando Barrie faleceu). O hospital assinou contrato com Geraldine McCaughrean, uma escritora inglesa de livros infantis, para compor uma continuação autorizada de *Peter Pan*, com lançamento previsto para 2006.

Peter Pan pode ficar velho, mas nunca crescerá. Graças ao legado de Berrie, continuará a divertir e a salvar a vida de crianças.

11

Teatro

O teatro moderno parece ter se desenvolvido dos poemas líricos lidos para o público mais ou menos na época de Sófocles, em 450 a.C. Entretanto, a forma artística foi banida durante a Idade das Trevas e o teatro, como o conhecemos hoje, não retornou em sua plenitude antes do século XVI.

Desde então, dramaturgos, de William Shakespeare a David Mamet, vêm nos oferecendo muito mais do que mero entretenimento. A melancolia do príncipe Hamlet nos força a lutar com a injustiça e a vingança; por meio de Romeu e Julieta, analisamos a loucura do amor adolescente; a pitoresca Sra. Malaprop,[1] de Sheridan, distorce a linguagem de maneiras que espantariam qualquer político, o Doente Imaginário,[2] de Molière, nos conduz a uma divertida comédia sobre hipocondria e os perigos dos tratamentos médicos. Em muitos aspectos, esses personagens ajudaram a formar a cultura da vida moderna.

---

[1] *Nota da Tradutora*: Personagem cômica de *Os rivais*, primeira peça de Richard Brinsley Sheridan (1751-1816), dramaturgo irlandês e estadista.

[2] *Nota da Tradutora*: Molière (1622-1673), foi dramaturgo, ator e encenador francês, considerado um dos mestres da comédia satírica. *O doente imaginário* foi sua última comédia, escrita e encenada por ele; além do humor, a crítica social contida no texto, em especial à medicina e aos médicos, continua sendo de grande atualidade.

Um musical da Broadway acrescenta o impacto da música à história e você pode se pegar cantarolando a melodia por semanas. Não é fácil esquecer Tevye, o leiteiro (*Um violinista no telhado*), nem Grizabella (*Cats*) ou Nathan Detroit (*Eles e elas*) – todos os personagens nasceram em musicais da Broadway. A prima da Broadway, a ópera, foi a forma artística suprema da Europa, dos anos 1750 até o século XX; o herói de Wagner, Siegfried, ajudou a começar a Segunda Guerra Mundial. E este não foi o único personagem fictício a mudar a história. Vamos começar com...

Édipo

Em *Oedipus Tyrannous* (*Édipo rei*), Sófocles, o maior dos dramaturgos gregos, recontou (em cerca de 425 a.C.) o mito de um homem que tentava desesperadamente evitar o destino que um oráculo havia previsto para ele: ele mataria seu pai e se casaria com sua mãe. Apesar de todos os esforços para evitar esse fim, a profecia se realizou. Desse mito, Sigmund Freud elaborou o complexo de Édipo, cujo impacto na cultura ocidental tem sido imenso.

Na história de Édipo, Laio e Jocasta, o rei e a rainha de Tebas, tiveram um filho. Depois que ouviram de um oráculo a profecia do patricídio, eles ordenaram que a criança fosse levada a uma montanha, onde deveria ser abandonada para morrer. O pastor que ficou encarregado de deixar a criança decidiu levá-la a Corinto e oferecê-la ao rei Pólibo e à rainha Mérope. Eles deram ao bebê o nome de Édipo e o criaram como filho. Quando ele cresceu, um oráculo previu que Édipo mataria seu pai e se casaria com sua mãe.

Édipo pressupôs que a profecia se referisse a Pólibo e Mérope e abandonou Corinto para evitar que ela se concretizasse. Em sua jornada, ele chega a um cruzamento e lá encontra um bando de homens arrogantes que o empurram para fora da estrada. Édipo se enfurece e mata os homens, dentre os quais, sem ele saber, estava Laio. Assim, ele cumpriu a primeira parte da profecia.

Édipo logo chega à cidade de Tebas, que estava sendo aterrorizada pela Esfinge. Ele conquista o monstro e, como recompensa, é feito rei e recebe a mão de Jocasta em casamento, sem saber, cumprindo a profecia do incesto.

Depois de 16 prósperos anos, durante os quais Édipo e Jocasta têm quatro filhos, uma praga se abate sobre Tebas. As plantações morrem e as mulheres ficam estéreis. O oráculo de Delfos proclamou que Tebas estava abrigando o assassino de Laio e a praga continuaria até que o criminoso fosse encontrado e eliminado.

Édipo, em sua determinação de achar o assassino, consultou um oráculo para descobrir que ele próprio era o filho de Laio, a quem ele havia matado. E, ao casar-se com Jocasta, a profecia estava completa. Com a revelação da verdade, Jocasta se enforca e Édipo se cega antes de se exilar em desgraça. A peça termina aqui, apesar de Sófocles ter escrito duas outras peças para completar a trilogia.

Édipo foi marcado pelo destino. Não importa que escolhas as pessoas nessa tragédia fizessem, o destino já havia sido determinado e se desenrolaria até o final. Homens e mulheres, aparentemente exercendo o livre-arbítrio com os mais nobres dos motivos, terminavam em ruína. Somos deixados com o sentimento de que a felicidade é uma ilusão, que o destino predeterminado pelos deuses é a nossa sina.

Freud, o pai da psicanálise, apresentou o conceito do complexo de Édipo, que descreve como todo menino de cerca de 3 a 6 anos vivencia intensos sentimentos sexuais em relação a sua mãe e atitude hostil em relação a seu pai. Se tudo der certo, ao final dessa etapa, a criança entende a natureza e os benefícios da união dos pais e supera seus sentimentos hostis. De outra forma, ele pode ocultar estratagemas, posturas e cicatrizes que podem causar problemas pessoais para o resto da vida.

Freud me dá medo. Eu quero a minha mãe.

Romeu e Julieta

Romeu e Julieta são os dois adolescentes impetuosos e movidos a hormônios na peça de Shakespeare de mesmo nome. Eles são os autênticos amantes fadados ao fracasso. Ele, 16 anos, ela, 13, sem experiência nos caminhos do mundo adulto, mergulham no amor e na tragédia.

Os padrões para as pessoas de classe na época de Shakespeare exigiam um período de corte durante o qual um homem ganharia a afeição de uma mulher. A rejeição de Julieta a esse costume é emocionante, mas também perigosa em uma história impelida pela paixão, pela honra e pela violência.

Na peça, Romeu vai a um baile a fantasia, onde vê Julieta. Depois de um breve flerte, eles se apaixonam. Romeu é um Montéquio e Julieta é uma Capuleto – duas famílias com o peso de uma inimizade tão antiga que suas origens se perderam no tempo. Entretanto, a atração mútua dos amantes não é detida pela briga entre as famílias.

A paixão de Romeu e Julieta é erótica. Eles não têm necessidade de flertar nem a discórdia familiar permitiria isso. No segundo ato, os amantes se encontram em uma varanda fora do quarto de Julieta. Em poucos minutos eles decidem se casar e o fazem em segredo na tarde seguinte.

Em um duelo mais tarde, no mesmo dia, Romeu mata Tebaldo, o primo de Julieta. Com isso, Romeu é expulso da cidade. Em apenas dois dias, Romeu se apaixonou, sofreu, casou-se, matou um homem e foi banido.

Paralelamente, o pai de Julieta, sem saber de seu casamento secreto, a promete a Paris, um nobre conde, com quem ela deve se casar em alguns dias. Para evitar o casamento, Julieta toma uma poção para dormir que fará com que ela pareça estar morta por 42 horas.

Romeu seria posto a par do estratagema em uma carta. Mas a carta nunca chega e um Romeu desesperado, quando sabe que Julieta está morta, corre até o seu túmulo, onde se suicida com veneno. Julieta acorda de seu transe, vê seu amante morto, tira o punhal de seu cinto e com ele atravessa seu coração.

Surpresos com o duplo suicídio, os Capuleto e os Montéquio fazem as pazes e prometem fazer estátuas de ouro dos amantes, de forma que sua tragédia não seja esquecida.

A primeira fonte de inspiração de Shakespeare para a peça foi um poema de Arthur Brook, a *Trágica história de Romeu e Julieta* (1562). Uma outra versão da história remonta de 1476, escrita por Masuccio Salernitano. Há várias outras versões da história que circularam pela Europa por pelo menos um século antes da famosa peça.

Muitos filmes e várias óperas e balés foram baseados na história. Na Broadway, Leonard Bernstein adaptou o enredo para o século XX no musical *West Side Story*.

Romeu e Julieta incorporam as fortes emoções da adolescência. Para amantes, velhos ou jovens, a história é a representação do amor e da paixão, o modelo da devoção e da linguagem do romance.

Para os pais, é um lembrete para instalar câmeras de vídeo em todas as varandas e certificar-se de que seu filho adolescente não está saindo de fininho pela porta dos fundos à noite.

A história dos personagens:

Esses dois personagens primeiramente surgiram como Mariotto e Gianozza em uma história de 1476 escrita por Masuccio Salernitano. Eles se tornaram Romulus e Giulietta em uma adaptação da história por Luigi da Porto. Arthur Brooke adaptou o enredo em um poema narrativo, *A trágica história de Romeu e Julieta*, em 1562, que serviu de inspiração para a peça de Shakespeare, de 1595.

Hamlet

Hamlet, a mais longa e a mais freqüentemente encenada peça de Shakespeare, contempla alguns dilemas morais fundamentais. Hamlet é mobilizado para matar seu tio como ato de vingança pelo assassinato de seu pai. Seria este um ato de retribuição justificado ou somente um outro assassinato? Como Hamlet pode resolver suas dúvidas?

Quando encontramos Hamlet, o príncipe da Dinamarca, ele é chamado para largar seus estudos e voltar para casa em virtude da morte inesperada de seu pai. Ele chega para descobrir que o irmão de seu pai, Cláudio, estava ocupando o trono. E, menos de dois meses após a morte de seu pai, sua mãe, Gertrudes, havia desposado Cláudio. Hamlet, ultrajado pelo desenrolar dos eventos e ainda aturdido pela morte do pai, mergulha na melancolia.

Enquanto está nesse estado de abatimento, o fantasma de seu pai surge, revela que Cláudio o assassinou e insiste que Hamlet vingue o crime. Assim, a morte deixa o túmulo para dirigir o destino dos viventes e, de fato, a morte torna-se o desfecho da peça.

Em seu solilóquio "Ser ou não ser" – a passagem mais reconhecida de toda a literatura ocidental – contemplamos uma séria questão: é melhor suportar o sofrimento ou dar cabo à vida e arriscar-se em uma incerta existência após a morte? Trata-se de uma questão pessoal para Hamlet, mas, na época de Shakespeare (tal qual na nossa), há versões discordantes da vida após a morte. Muitas pessoas têm opiniões determinadas, guerras foram combatidas... mas aqueles que de fato viram o outro lado, "a região não explorada", raramente retornaram. Agora, tendo conversado com o fantasma, Hamlet começa a perceber que há mais entre o céu e a terra do que ele jamais poderia ter sonhado.

Agora, ele deve analisar com cuidado cada passo em relação às obrigações familiares, à política do reinado e aos requisitos do céu. Ele não pode confiar no governo para obter justiça: Cláudio *é* o governo. E a vingança tinha um peso um pouco maior, já que a peça parece ter sido ambientada na época de Hardecanute, o filho do rei dinamarquês que conquistou a Inglaterra em 1016. Os dinamarqueses eram, na época, uma nação de guerreiros respeitados, não de físicos gentis ou pacatos fabricantes de queijo.

Hamlet, a quem alguns críticos retratam como fraco e indeciso, é exatamente o oposto. Ele mostra tanto coragem quanto prudência. Ele não arriscará a vida até ter certeza de que o fantasma está certo. Os laboratórios do *CSI*[3] não haviam sido inventados, então Hamlet deve ludibriar Cláudio para que revele sua culpa. Hamlet simula a loucura para livrar-se de qualquer suspeita e ganhar tempo. Boa estratégia, mas não boa o suficiente. Polônio, um dos ministros do rei, espiona Hamlet e é morto por isso. Um erro lamentável porque agora Laertes, o filho de Polônio, decide levar a cabo exatamente a mesma vingança que Hamlet pela morte de *seu* pai.

Na cena final, todos os principais personagens restantes são mortos: a rainha, Laerte, o rei e Hamlet. Nos últimos suspiros, Hamlet nomeia o príncipe da Noruega como o próximo rei da Dinamarca.

Ao longo da peça, somos desafiados pelas profundas questões do suicídio, lealdade, vingança, justiça e responsabilidade. Mas são as dúvidas que consomem Hamlet – as mesmas dúvidas que nos atormentam até hoje – que dão à história seu apelo universal.

Hamlet é o papel pelo qual atores são julgados e diretores são louvados. Lemos *Hamlet* e memorizamos muitas das frases famosas que enriquecem a nossa cultura: "Há algo de podre no reino da Dinamarca", "Vilão, vilão que ri! Vilão maldito!", "Seu destino e sua forma, se influíssem nas pedras, racionais

[3] *Nota da Tradutora*: *CSI*, cuja sigla em inglês significa Investigação Científica do Crime, é uma série de televisão americana que mostra o trabalho de uma equipe de investigadores forenses ao detalhar suas técnicas, seus procedimentos e métodos de investigação.

as tornariam", "A dama que faz protestos demasiados...", "Preciso ser cruel só para ser bom", "Ó Deus! Ó Deus! Como se me afiguram fastidiosas, fúteis e vãs as coisas deste mundo!". Sem mencionar as dezenas de frases de outros personagens da peça.

Hamlet, o príncipe dos problemas, nos estimula a pensar sobre os desafios da vida real e talvez esteja aí a dificuldade.

A história do personagem:

Amleth era um príncipe dinamarquês lendário cujas aventuras foram registradas por Saxo Grammaticus aproximadamente no ano 1200. François de Belleforest usou o tema em suas Histórias trágicas, de 1570.

Otelo

Mais intensamente que qualquer outro personagem, esse homem infeliz ilustra os resultados devastadores do ciúme injustificado e também o desastre de tomar grandes decisões com base em insinuações não verificadas.

Na peça de Shakespeare, Otelo é um mouro, um negro e um renomado general mercenário. Ele está a serviço do governo de Veneza e mora naquela cidade, sendo com freqüência hóspede no lar de Brabâncio, um nobre. Lá ele entretém a nobreza com histórias de suas aventuras militares. Sem intenção, ele acaba fascinando Desdêmona, a jovem filha de Brabâncio. Ela se apaixona por ele e eles se casam em cerimônia privada.

Ela o ama incondicionalmente e o acompanha a Chipre, um território veneziano na época. Lá ele e seu exército conseguem defender a ilha dos turcos invasores. Depois da vitória, Otelo e sua esposa voltam a Veneza e ele promove um de seus oficiais, Cássio, a tenente. Ao fazer isso, ele não considera as ambições do mais experiente Iago, que esperava obter o posto. Logo percebemos que Iago está revoltado com o que considera uma afronta a sua dignidade. Ele está furioso e determinado a se vingar de Otelo.

Otelo confia cegamente em Iago, o que o deixa vulnerável a enganações. Seu amor intenso e incondicional por sua esposa o deixa suscetível às artimanhas dos outros. Iago usa de insinuação para fazer com que Otelo interprete mal incidentes inocentes, persuadindo o mouro de que Desdêmona estaria tendo um caso com Cássio.

Otelo se orgulha de suas origens, mas Iago usa sua cor para levantar dúvidas sobre o amor de Desdêmona por um homem negro. Iago insinua que muitos venezianos desprezam sua raça e talvez Desdêmona possa estar entre essas pessoas. Ele deturpa a mente de Otelo tão completamente que o mouro decide se vingar do que ele acredita ser uma imperdoável indiscrição por parte de sua esposa: ele a mata. Quando percebe a inocência dela, em desespero, ele se mata.

Sua loucura o consumiu. O ciúme, esse monstro traiçoeiro, destruiu um homem que jamais foi derrotado em combate.

A história de Otelo nos indica as terríveis conseqüências de agir com base em meras aparências, porque as coisas muitas vezes não são o que parecem ser. Seu erro fatal é um aviso a todos nós: seja introspectivo. Seja cuidadoso. Seja muito cuidadoso. Verifique as informações antes de agir.

Fígaro

À medida que as engrenagens da mudança social giram e novas ordens sociais emergem das mais antigas, tendemos a olhar para trás e identificar figuras centrais que impulsionaram a transformação. Na época revolucionária do final do século XVIII, quando os Estados Unidos nasceram, a Europa vivenciava um tumulto social. O clímax foi a Revolução Francesa de 1789, seguida de desafios a muitas monarquias em todo o continente. Fígaro foi um importante agente no desenvolvimento desses eventos.

Fígaro surgiu da imaginação fértil de Pierre Caron, um francês que era, ao mesmo tempo, um gênio e um canalha. Aos 19 anos ele inventou um novo mecanismo de relógio que era um avanço tecnológico na época e, com isso, prosperou. Caron se casou com uma endinheirada viúva e adotou o sobrenome dela: Beaumarchais. Aos 27 anos ele já havia se tornado o Conde Pierre Augustin Caron de Beaumarchais e, para se divertir, começou a escrever em apoio à causa revolucionária. Sua peça, *As bodas de Fígaro* (1778), era protagonizada pelo esperto e descarado servo Fígaro.

Na peça, Fígaro é criado de um conde e está para ficar noivo da arrumadeira, Susanna. Eles contrariam a exigência do patrão de concretizar uma prática comum na época – o direito de dormir com a noiva de seu servo na noite de núpcias. A história expressa uma clara idéia revolucionária quando o servo amaldiçoa o conde: "Por ser um grande lorde, o senhor pensa que tem uma grande mente. Sangue, dinheiro, posição, compromissos sociais... o que o senhor fez para fazer jus a todas essas bênçãos? Teve o trabalho de nascer: além disso, o senhor não é muita coisa." Fígaro considera a nobreza degenerada e depravada. No final, Fígaro ajuda Susanna a evitar a desonra, armando para seu patrão um encontro com uma jovem atraente e fazendo com que ele fosse pego pela esposa. Os servos humilham o conde, de forma que não nos surpreende quando não menos que o próprio Napoleão tenha chamado a ópera de "a Revolução em ação".

Apesar de Beaumarchais ter terminado *As bodas de Fígaro* em 1778, a censura real a baniu até 1784 e Beaumarchais passou um tempo na prisão. Aqueles eram tempos politicamente voláteis. A peça incitou a fúria do governo por pregar a igualdade social e mostrar desprezo pela nobreza. Após a primeira representação da peça em Paris, centenas de pessoas provocaram tumulto e três foram mortas no conflito.

Algumas mudanças na ordem social muitas vezes parecem certas e, uma vez que o conceito se espalha, para o bem ou para o mal, elas não podem ser paradas. A civilização testemunhou o fim de valores que haviam sido universalmente aceitos em sua época – o feudalismo, a honra cavaleiresca e a escravidão, para mencionar somente alguns. Na nossa época, o Vaticano tirou o peso da morte de Cristo dos ombros dos judeus, os mórmons deram fim a sua atitude racista em relação aos negros e os conceitos de preferência sexual e casamento estão sendo revistos.

Como escreveu Victor Hugo: "Não há nada mais poderoso do que uma idéia cujo tempo chegou."

Dr. Fausto

Fausto fez um acordo com o demônio. Mefistófeles lhe concederia todos os desejos durante a sua vida e Fausto serviria o demônio – de corpo e alma – na próxima vida. O demônio cumpriu sua parte. Fausto tinha riquezas, conhecimento e qualquer prazer que desejasse. Ele tinha todo o conforto e luxo, provava de todos os excessos e todas as perversões. Mas, no final, Fausto retirou sua parte do acordo e Deus permitiu que ele entrasse no céu. Fausto manipulou tanto Deus quanto o Demônio e se livrou das conseqüências. Ele pregou o maior dos golpes e nos inspira a sonhar em fazer o mesmo.

Em uma narrativa paralela ao conto de Jó, a história começa no céu, quando Deus menciona que Fausto é exemplo ideal entre os homens. Mefistófeles aposta com Deus que ele conseguiria perverter a alma de Fausto para seus próprios propósitos. Deus está tão confiante em Fausto que aceita o desafio.

No começo da história, Fausto é um estudante universitário com mestrado em metafísica, bruxaria, profecia, teologia, medicina, necromancia e direito; agora ele quer entender a natureza, mas não como palavras em um livro. Ele quer ser imerso nela, como Deus, além dos limites humanos. Ele se volta à magia negra e faz o Demônio aparecer. Eles fazem o pacto e, assim, começam as aventuras que durarão pelos próximos 70 anos.

Em seu relacionamento com Fausto, Mefistófeles usa de ilusões. Ele leva Fausto em um passeio em um tapete mágico e o entretém em uma taverna onde faz vinho fluir do nada. Depois eles vão à casa de uma bruxa, onde Fausto se apaixona pela imagem de uma bela mulher em um espelho.

No dia seguinte, com a ajuda de Mefistófeles, Fausto conhece Margarete e se enamora dela. Eles se encontram em segredo à noite e no dia seguinte o irmão de Margarete, Valentin, descobre a tramóia e confronta Fausto. Fausto o mata e deixa a cidade para nunca mais voltar.

Logo depois, Mefistófeles conduz Fausto à Walpurgis-Nacht (noite das bruxas), onde ele tem uma visão de Margarete. Ela foi convencida a afogar seu filho bastardo, o filho de Fausto. Ela está na prisão e caiu na insanidade enquanto esperava a execução. Ela reza e se submete à misericórdia de Deus e, quando Mefistófeles grita que ela está perdida, uma voz divina anuncia que ela está salva.

Depois disso, Fausto pede para ter Helena de Tróia como sua amante. Mefistófeles cria uma grandiosa ilusão na qual Fausto é um jovem vestido de cavaleiro medieval. Ele conquista Helena e eles têm um filho, que morre na juventude, e Helena desaparece.

Durante os próximos 50 anos, Mefistófeles acompanha Fausto em uma ampla variedade de proezas entre deuses e deusas até que, em sua última aventura, Fausto decide nadar contra a maré e exige um pedaço de terra do mar. Durante o projeto, Fausto ordena a morte de vários moradores inocentes. Mesmo assim, o projeto é um sucesso e, logo depois de finalizado, Fausto, que já está muito velho, morre.

Mefistófeles espera no túmulo para levar a alma de Fausto assim que deixar o corpo. Como Fausto cometeu quase todos os crimes conhecidos pela humanidade, o Demônio está certo de sua vitória. Entretanto, Deus não passará a vergonha de admitir que Mefistófeles ganhou a aposta. Deus engana o Demônio levando o espírito do arrogante e nem um pouco arrependido Fausto para o céu.

Fausto não teve de viver uma vida moral para ser admitido no paraíso. E, se isso se aplica a ele, certamente se aplica também a nós. Só se certifique de pegar Deus em um bom dia.

Madame Butterfly

Tanto na Europa quanto na América, o fascínio pelo Oriente, especialmente o Japão, floresceu no final do século XIX. Vários escritores aproveitaram isso para produzir propaganda literária antiameriana, na época um esporte bem popular na Europa. Dentre os mais bem-sucedidos estava um inglês, John Luther Long, que escreveu o romance *Madame Butter?y* (1897). Em 1900, um dramaturgo americano, David Belasco, o transformou em uma peça de um ato com o mesmo nome e, em 1906, o compositor italiano, Giacomo Puccini, adaptou a história para uma ópera que representava o preconceito europeu em relação aos norte-americanos, vistos como insensíveis e rudes. A ópera é importante porque apresenta o pior do norte-americano na pessoa de Benjamin Franklin Pinkerton, o arquivilão da história.

Até meados do século XIX, o Japão era uma sociedade fechada, uma nação isolada que não permitia estrangeiros – nem turistas ou comerciantes – no país. As pessoas se atinham a um código estritamente paternalista no qual os parentes formavam uma unidade social básica e um indivíduo, em especial uma mulher, tinha pouca identidade, exceto como membro de sua família estendida. Entretanto, esses valores começaram a erodir depois que o Japão abriu o comércio com os Estados Unidos e outras nações ocidentais, em 1858.

Na história, Cio-cio-san (*Cio-cio* significa borboleta[4] e *san* é uma designação de respeito) – uma bela e inocente adolescente – casa-se com Benjamin Franklin Pinkerton, um oficial do navio *Abraham Lincoln.*

Enquanto bebe whisky com o cônsul americano, Pinkerton fala da natureza temporária de seu futuro casamento com a garota e descreve a si mesmo como um vagabundo. Com intenso sentimento patriótico ele canta "América para sempre..." com a melodia do hino nacional americano. Entretanto, depois de elaborada cerimônia de casamento, Cio-Cio-San acredita que ele está apaixonado por ela da mesma forma que ela por ele.

Para casar-se com ele, ela teve de romper todos os laços com sua família a abrir mão de qualquer apoio deles no futuro. Agora ela está completamente dependente da boa vontade de Pinkerton e ele trai essa confiança sem nenhuma hesitação. Depois de um mês de lua-de-mel ele a deixa em uma casa com uma serva, dá a ela algum dinheiro e retorna a seu navio e à América. Pinkerton não sabe que ela está grávida de um filho dele.

Durante os anos seguintes ela não tem notícias dele, mas ainda mantém as esperanças enquanto cuida do filho. O dinheiro já está quase acabando e eles vivem frugalmente, isolados do resto da sociedade.

Um dia o navio dele entra no porto e ela antecipa um feliz reencontro. Mas Pinkerton havia se casado com uma esposa "real" nos Estados Unidos e, por meio de uma correspondência do consulado americano, fica sabendo do nascimento de seu filho no Japão. O seu único objetivo agora é pegar o garoto e levá-lo aos Estados Unidos.

Cio-Cio foi desonrada e, quando ela percebe isso, não há escolha. A reverência por seus valores culturais determina que ela deve se matar. Ela o faz com a faca cerimonial de seu pai, deixando o garoto segurando uma bandeira americana enquanto espera a chegada do pai.

Essa intensa e tocante história de devoção, traição e degradação continua sendo muito popular no mundo inteiro, ainda no século XXI. Cio-Cio-San

---

[4] *Nota da Tradutora*: Daí o nome Butterfly, borboleta em inglês.

adentrou no casamento como a maioria das jovens mulheres – sonhando com um futuro no qual ela e seu marido enfrentarão a vida juntos, em consideração e apoio mútuos. Não se trata de uma expectativa irreal e, se mais homens aceitassem a responsabilidade por sua metade da parceria, a vida seria muito mais agradável para todos.

Interlúdio

Quem conhecia quem?

É verdade que personagens fictícios "conheceram" outros personagens fictícios. Um livro, afinal de contas, é um punhado de personagens fictícios se conhecendo, se engajando em romances, pegando dinheiro emprestado, e assim por diante. Mas alguns personagens vão além e conhecem aqueles de outras histórias. Isso pode acontecer em qualquer lugar. Pode-se chamar isso de participação especial, normalmente limitada à própria rede de relacionamentos do personagem ou à editora. Mas, em ficção, vale tudo.

Esse efeito de rompimento de fronteiras acontece com mais freqüência entre deuses e figuras míticas. Midas não somente conheceu Dionísio, mas fez ao deus um importante favor. E foi o que lhe causou problemas.

Aprendemos com a história de Dr. Fausto que ele conheceu – e levou para cama – Helena de Tróia. É claro que isso envolveu viajar no tempo, o que não é problema. No romance de Scott, *Ivanhoé*, o personagem principal é resgatado por Robin Hood. E qualquer leitor de revistas em quadrinhos sabe que Super-homem encontrou Batman e os dois até chegaram a combater o crime juntos em várias ocasiões... e também lutaram um com o outro pelo menos uma vez. Acontece que o mundo *é* grande o suficiente para os dois.

No mundo moderno, e na televisão, pode ter levado cinco temporadas, mas Buffy, a Caça-Vampiros, de fato encontrou e aniquilou o arquivampiro Drácula.

Entre os vários monstros e animais enormes que Godzilla enfrentou, não é de surpreender que ele tenha combatido King Kong e outros gigantes do cinema, como Mothra, Megalon e o Monstro Nevoeiro, que por algum motivo não foram incluídos em nossa lista. Quantas pessoas disseram a eles que, se fosse para brigar, deveriam brigar com alguém do próprio tamanho? Kong não seguiu o conselho e *Bambi contra Gozilla* é um dos mais emocionantes – e curtos – filmes de monstro jamais produzidos.

Se deixamos de mencionar qualquer outro encontro entre personagens deste livro, por favor, não hesitem em nos informar de nosso lapso.

12

Filmes

Depois que Edison inventou o cinescópio, em 1897, os filmes rapidamente se tornaram a forma favorita de entretenimento. Os filmes apresentam a vida, a fantasia e a esperança de um grande espetáculo para centenas de pessoas ao mesmo tempo. O conceito se aproxima da alucinação coletiva.

Lemos livros individualmente e assistimos televisão em família, mas vamos ao cinema em massa, sentados durante horas no escuro na companhia de estranhos. Enquanto vêem um filme, todos na sala prendem a respiração e suspiram juntos, aliviados. Rimos, choramos e nos regozijamos em uníssono. E o mesmo filme é exibido em outros cinemas na cidade, em outras cidades, outros estados e outros países, formando um laço cultural de experiências compartilhadas.

Os personagens do cinema podem trazer à tona nossos mais intensos sentimentos. Como a sabedoria de Ben Kenobi, o estilo de Sam Spade ou a discrição impassível de Rick Blaine. Esses cidadãos da grande tela nos cativam e nos motivam. E eles também podem nos mudar, algumas vezes de formas nunca imaginadas.

O Vagabundo (Chaplin)

De seu nascimento, em cerca de 1915, ao longo de vários filmes mudos de curta metragem e quatro de longa metragem até o seu final sentimental em

1952, o personagem de Chaplin, o Vagabundo, foi um dos mais reconhecidos e amados do cinema. Ele incorporou o mito americano de passar da miséria para a fortuna e do herói que fica com a mocinha, e todos nós rimos de suas trapalhadas. Várias gerações contaram com o Vagabundo para iluminar os seus dias.

Chaplin criou o personagem por acidente, mas ele sabia reconhecer um sucesso quando o via. Ele usou sua nova persona em uma variedade de situações, fazendo travessuras com sua pobreza, seu estilo mundano e seu hábito de interferir nos assuntos do dia-a-dia dos outros. Com sua leveza, o Vagabundo nos permitiu rir em um mundo que estava se destruindo na Primeira Guerra Mundial. Para essa fuga, toda uma geração contou com Charlie Chaplin.

O Vagabundo ficou conhecido com *O garoto* (1921). Então, com os filmes *Em busca do ouro* (1925), *Luzes da cidade* (1931) e *Tempos modernos* (1936), ele garantiu seu lugar na história do cinema. Chaplin reviveu o personagem no formato "história dentro da história", em seu filme retrospectivo *Luzes da ribalta*, em 1952.

Na história de *Em busca do ouro*, o Vagabundo consegue chegar na época do Eldorado no Alasca, no final do século XIX. Uma vez lá, ele se apaixona por uma dançarina, que parece retribuir o interesse. Klondike, a região sem lei, é o cenário perfeito para a abordagem anárquica de Chaplin em relação ao cinema e à comédia, e o episódio com a cabana precária no abismo rapidamente tornou-se ícone cinematográfico.

Enquanto espera que a garota chegue para o jantar que ele havia preparado, o Vagabundo finca dois garfos em um par de pãezinhos e cria a Dança dos Pãezinhos, nos quais os pães representam pés enormes e os garfos, pernas magricelas. Foi uma cena tão original que, em uma sessão de lançamento do filme, o público se entusiasmou tanto que o operador do cinema parou a projeção, voltou o filme e mostrou novamente a cena. A audiência respondeu com um aplauso tão efusivo jamais visto em uma sessão de cinema antes.

Enquanto isso, a garota está ocupada com suas amigas e se esquece do jantar com o Vagabundo. O Vagabundo tenta enterrar suas dores de amor na busca por ouro, na qual ele é acidental, mas espantosamente, bem-sucedido. Os quase namorados perdem o contato um com o outro, somente para terminarem no mesmo navio no qual o novo-rico Vagabundo retorna para os Estados Unidos. Os entusiasmados fotógrafos assediam o Vagabundo e insistem que ele vista suas roupas velhas para mostrar aos leitores. Eles querem capturar o cara pobre que conseguiu ficar rico. Quando ela o vê vestido em farrapos, percebe que é o homem que tentou conquistá-la no campo de mineração, mas que ela havia rejeitado achando que não tivesse futuro. Agora que ele é dono de uma fortuna, ela se preocupa que ele ainda guarde algum rancor pela rejeição, mas ele mantém a humildade de sua pobreza e a acolhe em sua nova vida.

Em 1931, Chaplin teve um desafio adicional: filmes falados haviam surgido em 1927 e dominavam a maior parte da indústria cinematográfica. As *Luzes da cidade* elevaram a comédia a uma forma de arte séria, intensificando o afeto e acentuando o contraste entre o trágico e o cômico. O que é mais pungente do que uma bela garota que é cega e não pode apreciar a beleza do mundo ou dela mesma?

No filme, um bêbado abastado tenta se matar; o Vagabundo o salva e se torna seu amigo do peito – mas só quando o homem rico está bêbado. Quando está sóbrio, ele não consegue se lembrar da amizade. Quando volta a se embebedar, ele se torna vítima de uma tentativa de assalto; quando o Vagabundo o ajuda a recuperar sua propriedade, ele lhe dá uma recompensa. O Vagabundo usa o dinheiro para ajudar a vendedora de flores cega a recuperar a visão, preocupado somente em consertar o que está tragicamente errado em seu canto do mundo. Ela passa a enxergar, mas no começo é incapaz de reconhecer seu benfeitor. Ao final do filme, entretanto, ela o reconhece, mas ficamos sem saber se o romance se desenvolve daí.

Tendo vivenciado a vitória romântica de *Em busca do ouro*, o público agora tinha de aceitar a ambigüidade romântica de *Luzes da cidade* e sua conclusão indefinida.

Tempos modernos é um comentário político-social sobre o efeito desumanizante da tecnologia; o filme apareceu durante a Grande Depressão, quando tudo tinha implicações políticas. Com milhões de pessoas igualmente sem trabalho, o Vagabundo perderia sua singularidade, então Chaplin o colocou como um estrangeiro no mundo moderno. Tanto o Vagabundo quanto sua amada, a moradora de rua (Paulette Goddard), escaparam da sociedade moderna e se encontraram, se acotovelaram e finalmente caminharam juntos em direção ao pôr-do-sol. "E eles viveram felizes para sempre" estava nas mentes de todos ao sair do cinema – exatamente o sentimento do qual precisavam para lidar com o deprimente mundo real.

O último filme do Vagabundo, *Luzes da ribalta*, é o lembrete de Chaplin de que mesmo o "felizes para sempre" chega ao fim. O Vagabundo tinha menos de 40 anos, mas na indústria cinematográfica isso era uma eternidade.

Por décadas, depois de sua partida abrupta dos Estados Unidos, em 1952, os filmes de Chaplin não foram vistos naquele país. Gerações inteiras cresceram sem o conforto do Vagabundo sobrevivendo às margens da sociedade. Quando seus filmes se tornaram disponíveis novamente, em 1972, um novo público viveu a emoção e o prazer de ver a cabana vacilando na borda do abismo e riu com a idéia absurda de tentar alimentar um operário de linha de montagem enquanto trabalha.

O Vagabundo evoluiu com a indústria cinematográfica: ele começou como um garoto despreocupado vagabundeando pelo caminho, encontrou amigos e amores e – quase que por acidente – a riqueza e, finalmente, atingiu a maturidade à medida que seu público envelhecia. O Vagabundo éramos todos nós.

Conde Drácula

O vampiro não estava originalmente programado para entrar neste livro, até que recebemos o seguinte e-mail de Eileen Watkins, autora de *Dance with the Dragon*, *Ride a Dancing Horse*, *Black Flowers* e *Paragon*,[1] e membro de nosso grupo de escrita criativa de domingo à noite:

Antes de qualquer coisa, tenho de argumentar pela inclusão de Drácula entre seus personagens. Francamente, me surpreende que eu ainda tenha de argumentar. Caiam na real!

Isso faz o meu sangue ferver (perdoem-me o trocadilho), sabendo que, até o presente momento, o personagem de Drácula inspirou 250 filmes, mil romances, milhares de artigos e 4 mil clubes em todo o mundo. Desde a sua pu-

---

[1] *Nota da Tradutora*: Livros de mistério e terror, sem tradução no Brasil.

blicação, o romance original de Stoker nunca deixou de ser impresso. Em determinado momento, ele supostamente foi o livro mais vendido de todos os tempos, depois da Bíblia, e foi traduzido para praticamente todas as línguas existentes. Se isso não for "influência", eu não sei que diabo seria!

O aniversário de 75 anos da publicação do livro – 1972 – gerou uma onda de livros de não-ficção sobre o personagem, sobre a figura histórica na qual ele foi vagamente baseado e sobre o próprio Stoker. E também motivou uma nova produção da peça da Broadway, estrelando Frank Langella.

Até a publicação de Drácula, quase ninguém na Europa Ocidental, Grã-Bretanha ou América havia ouvido falar do mito do vampiro. A única obra de ficção que o precedeu foi *The Vampire*, um breve romance de John Polidori (amigo de Lord Byron e Mary Shelley), que não chegou a ser um *best-seller*. Stoker não só incorporou a palavra "vampiro" ao vocabulário cotidiano, mas virtualmente criou o mito como o conhecemos. Fervoroso católico irlandês, ele elaborou o uso do crucifixo, da hóstia e da água benta como recursos para repelir um vampiro. Essas crenças não eram comuns nem mesmo entre os católicos. Ele pegou superstições da Europa Oriental, combinou-as com o conceito do morcego vampiro da África do Sul, incorporou várias idéias próprias e criou um mito moderno que tem cativado as pessoas por mais de um século.

Os europeus do leste imaginavam vampiros como cadáveres ambulantes que andavam cambaleantes como zumbis ou vagavam como fantasmas para atacar seus familiares e entes queridos. É essa a imagem que temos do vampiro hoje? Não. A versão que sobreviveu é de um homem elegante, bonito, de cabelos negros, com um sotaque do leste europeu, vestido em roupas formais e uma capa. E de onde veio essa idéia? De Stoker – mas não somente de seu romance. O seu Drácula, ao longo da maior parte do livro, tinha cabelos grisalhos, bigode e se vestia em estilo "sóbrio, todo de preto". A imagem que temos dele vem da interpretação de Bela Lugosi nos anos 30, na peça original, no filme e em várias adaptações. Uma versão um pouco menos ameaçadora evoluiu da interpretação do autor inglês Christopher Lee em várias produções da Hammer Films. Tente olhar ao redor em qualquer festa a fantasia e eu garanto que você verá pelo menos um vampiro baseado na imagem do Drácula.

Apesar de ter existido um governante histórico chamado Drácula, Vlad Tepes, e de ele ter sido um tirano assassino, nunca houve a crença de ter sido um vampiro. Ele era um príncipe guerreiro e não um conde e governava uma província chamada Wallachia, na atual Romênia. Foi Stoker quem lhe colocou o título de "conde" e o ambientou na Transilvânia, uma província real. Atualmente, a palavra Transilvânia também foi agregada ao vocabulário cotidiano.

É interessante notar que o Drácula histórico era contemporâneo de Maquiavel e pode ter influenciado o conceito do Príncipe.

Vocês querem mais influência? Nos Estados Unidos há até um cereal matinal chamado Count Chocula, pelo amor de Deus! Nem Sherlock Holmes tem um cereal com seu nome!

Há pelo menos dois aspectos que contribuíram para o apelo de Drácula. Primeiro, a idéia da imortalidade e, como extensão, da invulnerabilidade. Quem não quer viver para sempre? (Pelo menos até você realmente começar a considerar os inconvenientes.) Segundo, há algo de incrível e misterioso em um ser que viveu por quinhentos anos com todo o conhecimento e experiência acumulados.

Sim, Drácula foi transformado em figura romântica mais tarde, mas Stoker queria que ele fosse aterrorizante. Há o conceito de alimentar-se do sangue das pessoas. Mesmo que você não mate suas vítimas imediatamente, que coisa horrível de se fazer – ordenhar seus "escravos" tirando toda a sua força vital! E, finalmente, há todo o controle da mente que vem com o conceito – as vítimas perdem suas personalidades e tornam-se pálidas imitações de seu mestre. Ele é uma analogia poderosa para várias situações reais. Quem não teve a experiência de ser "vampirizado" por alguém de forma a se sentir drenado e manipulado a cada vez que interage com a pessoa?

Essas coisas têm um forte apelo para vários impulsos humanos subconscientes e é por isso que o personagem se tornou, com o pé nas costas, a figura de "horror" mais popular em nossa cultura.

Eileen arrematou sua mensagem bombástica listando mais de 20 filmes famosos sobre Drácula lançados somente no período entre 1922 e 1993. Ela observou que incluiu na lista somente aqueles da Inglaterra e dos Estados Unidos e muitos outros foram produzidos em outros países. Recomendamos os sites www.rogerebert.com e www.imdb.com para completar sua própria lista.

Drácula tornou-se um vilão universal. Ele é um homem poderoso por quem as mulheres são atraídas, seduzidas e assassinadas. Ele é o lado perigoso da elegância, um símbolo dos horrores que se escondem nas profundas florestas de nossas almas.

Você quer marcar um encontro com um cara bonitão vestido com uma capa preta? Nem pense nisso.

Talvez você não saiba...

Bela Lugosi, que obteve sua fama em Hollywood interpretando o Drácula no filme de 1931, nasceu em Lugos – na Transilvânia. Será que tem alguma coisa no ar ou na água de lá? Em reconhecimento por esse papel, quando Lugosi morreu, em 1956, ele foi enterrado com a fantasia completa de Drácula, incluindo a capa.

Dorothy Gale (O mágico de Oz)

No começo do filme da MGM, *O mágico de Oz* (1936), Dorothy, que havia levado uma bronca de uma mulher horrível, pegou seu cão, Totó e sonhou acordada com "Um lugar onde não existem problemas. Você acha que existe um lugar assim, Totó? Deve existir. Não é um lugar onde você pode chegar de barco ou navio. É muito, muito longe. Atrás da Lua, além da chuva".

Quando a vida nos desaponta, como freqüentemente acontece, todos nós já sonhamos em escapar dos rigores do mundo e fugir para algum lugar encantado e maravilhoso além do arco-íris, mas foi necessário que Dorothy nos levasse lá – onde os adoráveis passarinhos azuis voam –, para a maravilhosa Terra de Oz.

Dorothy foi influência positiva e bem-vinda em nossas vidas. A história exemplifica as virtudes da amizade, a simpatia pelos menos afortunados, o bom senso e, acima de tudo, a perseverança.

O filme começa em preto e branco, mas passa para o então recentemente inventado tecnicolor quando Dorothy e Totó chegam a Oz. Sua casa havia sido arrastada do Kansas por um tornado. Os moradores de Oz, uma raça de pequenas pessoas chamadas Munchkins, os cumprimentam entusiasticamente porque a casa de Dorothy pousou em cima de uma bruxa má e a matou.

Tudo parece bem até que eles contam a Dorothy que a irmã malvada da bruxa procuraria vingança.

Quem diria! Oz trouxe a Dorothy novos problemas e, como aqueles que a atormentavam em Kansas, também esses envolviam uma mulher nada boazinha. Dorothy queria ir para casa, mas não sabia como fazê-lo.

Os Munchkins disseram para ela seguir a Estrada dos Tijolos Amarelos até a Cidade de Esmeralda e consultar o mágico lá. Então, ela e Totó foram ver o mágico, o maravilhoso Mágico de Oz. No caminho, eles encontram um Espantalho, que precisava de um cérebro, um Homem de Lata, que queria um coração, e um Leão Covarde, que não tinha coragem. Elaborando uma abordagem de trabalho em equipe para solucionar problemas, eles uniram as forças para chegar à Cidade de Esmeralda.

Primeiramente, o Mágico pediu para eles desempenharem uma tarefa perigosa e difícil: trazer a vassoura mágica da bruxa malvada, cuja irmã a casa de Dorothy havia esmagado. Eles conseguem, matam a bruxa no processo e levam a vassoura ao Mágico. Mas eis que o Mágico se revela uma fraude que não podia oferecer nada além de banalidades sentimentais. Felizmente para Dorothy, tudo o que ela tinha que fazer para chegar em casa era bater os saltos de seus sapatos vermelhos e repetir: "Não há lugar como o lar." O truque funciona e Dorothy acorda em casa, cercada por sua adorável família.

> Dorothy: "Oh, Totó, estamos em casa. Minha casa! E este é o meu quarto e eu nunca mais vou sair daqui, nunca, porque eu amo todos vocês e – oh, Tia Em – não há lugar como o lar!" Qualquer pessoa que consegue assistir a essa cena sem ser tomado pelas lágrimas é um estraga-prazeres.

Os personagens foram criados em uma série de livros infantis escritos por L. Frank Baum no começo do século XX. O roteiro é de Noel Langley, Florence Ryerson e Edgar Allan Woolf e a música e as letras são de Harold Arlen e Edgar Harburg. Eis alguns trechos marcantes:

> **Espantalho:** "Eu não tenho um cérebro... Só palha."
> Dorothy: "Mas como você consegue falar se não tem cérebro?"

Espantalho: "Eu não sei... mas algumas pessoas sem cérebro conseguem falar bastante, não é verdade?"

Homem de lata: "O que você aprendeu, Dorothy?"
Dorothy: "Bem... se um dia eu tiver de sair à procura do desejo de meu coração de novo, eu não vou olhar além de meu próprio quintal. Porque, se não está lá, eu nunca realmente o perdi para começar!"

Cá entre nós, vamos contar a você que temos uma relação, por mais tênue que seja, com o filme. Um de nós é responsável por um terrier, Yogi, que declara que Totó era sua bisavó. Depois de sua morte, ele encontrou entre seus pertences, em um caminhão velho, um bilhete que dizia: "Tia Em, eu te odeio. Odeio o Kansas. Estou levando o cachorro. Dorothy."[2]

Cidadão Kane

Charles Foster Kane define as vulnerabilidades pessoais nos mais altos níveis da sociedade americana e sua história é um dos modelos utilizados para ensinar a arte e a técnica cinematográficas. Em nossa época, quando os filmes são tão importantes para moldar nossa visão de mundo, trata-se de influência colossal.

Charlie Kane é a estrela e o personagem que dá nome ao filme *Cidadão Kane*, que está em quase todas as listas dos dez melhores filmes da história e freqüentemente reconhecido como a melhor película jamais produzida. A história conta a vida de um homem obcecado e solitário, um dos maiores magnatas do mundo.

O *Cidadão Kane* teve excelente reputação quase desde sua criação, em 1941 – uma notável prova de resistência no mundo efêmero do entretenimento. O filme é um dos primeiros padrões de excelência do cinema, uma verdadeira obra de arte, um pouso na Lua, um gol perfeito, um Stradivarius. Um grande feito para Orson Welles, o ator de 26 anos, diretor e co-autor – o "jovem gênio" de Hollywood. Os personagens são ricamente elaborados e a foto-

---

[2] *Nota dos Autores*: Carroll, Willard. *I Toto: The autobiography of Terry, the Dog Who Was Toto*. Nova York: Stewart, Tabori and Chang, 2001.

grafia em foco profundo de Gregg Toland é gloriosa. Muitos de nossos mais interessantes personagens estiveram em filmes e a maioria dos diretores desses filmes aprendeu sua arte, em parte, com a direção primorosa de Orson Welles em o *Cidadão Kane*.

Supostamente uma biografia romanceada de William Randolph Hearst, a história começa com a morte de Kane. O mistério de sua vida se revela à medida que os repórteres tentam descobrir o que fez um bem-sucedido homem de negócios fracassar no amor e na política. Eles entrevistam seus poucos amigos e a história é contada na forma de flashbacks e memórias. Kane, o magnata; Kane, o político fracassado; Kane, o marido malogrado – duas vezes divorciado, levado ao isolamento. E antes disso o pobre Charlie Kane, uma criança levada para longe de um pai abusivo para ser criada por um guardião frio e funcionários de escolas particulares.

Como adulto, Charlie se declara o salvador do homem comum e inicia uma cruzada. Ele pega um pequeno jornal e assume a liderança – não somente no aspecto financeiro, mas também fisicamente, tomando o escritório do editor. Por quê? Só pela "diversão". Pela satisfação pessoal. Charlie tinha uma missão: Salvar a todos – de pessoas ricas como ele; das associações, dos conglomerados, dos políticos e dos interesses financeiros. Ser um incansável porta-voz das pessoas comuns. Acontece que Charlie era uma pessoa arruinada pela riqueza; arruinado pelos banqueiros, políticos e interesses por dinheiro; arruinado pelas escolas grã-finas e grandes mansões vazias. E ele se mostra para impedir que qualquer outra pessoa seja abusada, enganada ou iludida.

Pouco a pouco, Kane nos mostra pedaços do quebra-cabeças, pedaços do personagem vão, grandioso e complexo que não conseguia amar, que não conseguia confiar, que abriu mão de seu dinheiro por causas, objetivos e campanhas, que expressou suas opiniões para o mundo mas nunca acreditou em nenhuma delas. Os fragmentos de sua vida são aos poucos agregados em um todo e observamos como ele se desenvolve, celebra, amadurece e se desintegra. As mensagens no *Cidadão Kane* são permeadas de memórias, poder, caráter, amor e solidão; um exemplo de um dos melhores roteiros na história do cinema, tudo se desenvolve ao redor de Kane, tudo é relacionado a ele. No final, uma palavra: "Rosebud". Sua última palavra, o mistério final. Uma mulher? Um cavalo que ele comprou? Um iate que ele não comprou? Não. Algo muito menor, muito mais pessoal, o único fragmento de uma vida perdida para a sociedade e a obrigação: um trenó que ele tinha quando criança. No final, a única coisa de valor em sua vida. E, com sua morte, agora só um destroço, um pedaço de madeira queimado como lixo, uma pequena pira funerária para o gigante cujo coração uma vez bateu, enquanto o corpo e a memória de Kane se esvaem do mundo.

Charles Foster Kane nos mostra o poder e a dor dos mais altos escalões da fortuna, e por isso somos eternamente gratos. Onde estaríamos sem uma janela pela qual podemos entender os motivos complexos dos abastados?

Você sabia?

- Nas primeiras cenas, observe a posição da luz que entra pela janela: ela não muda.
- *Cidadão Kane* ganhou o Oscar de Melhor Roteiro Original em 1941.
- As gravações da trilha sonora de Bernard Herrmann para o *Cidadão Kane* foram comercializadas. Herrmann continuou compondo trilhas sonoras aclamadas pela crítica para vários filmes de Hitchcock, bem como para filmes como *Taxi Driver*, *Cabo do Medo* e *O dia em que a Terra parou.*

Para saber mais sobre Cidadão Kane, recomendamos:

Grandes filmes, de Roger Ebert.
Citizen Welles: A Biography of Orson Welles, de Charles F. Brady.
E assista a *Cidadão Kane* (1941) dirigido por Orson Welles, roteiro de Orson Welles e Herman J. Mankiewicz.

Richard Blaine (Casablanca)

Em um momento em que o mundo precisava desesperadamente ouvir a mensagem, Richard Blaine mostrou que o patriotismo e a coragem poderiam sobrepujar interesses pessoais e até ter procedência sobre o amor passional.

"Rick" Blaine entrou em nossas vidas no filme de 1942, *Casablanca,* e alimentou a motivação dos americanos durante o período mais terrível da Segunda Guerra Mundial, no auge do poder do Eixo. O poder militar alemão havia avançado para a Rússia; seus navios prenunciavam a destruição da Inglaterra, e suas forças estavam ameaçando o Canal de Suez. No outro lado do mundo, depois do ataque em Pearl Harbor, os japoneses haviam conquistado Cingapura, Burma e Filipinas.

Rick era um americano que tinha um bar em Casablanca, uma cidade no Marrocos e colônia da França Livre. Os franceses haviam rendido cerca de metade de seu território aos alemães, em 1940. Eles ficaram "neutros" durante o resto da guerra, mas, na verdade, subjugados pelos alemães.

De Casablanca, os refugiados conseguiam chegar a Portugal – também neutro – e de lá para a segurança. Entretanto, para fazer a viagem, eles precisavam de cartas oficiais de trânsito, que tinham de ser aprovadas pelos militares alemães, em Marrocos.

Rick tinha conseguido duas permissões de trânsito roubadas logo antes que sua ex-namorada, Ilsa, chegou de surpresa em seu estabelecimento acompanhada do marido, Victor Laszlo. Rick e Ilsa ainda estão profundamente apaixonados um pelo outro e Ilsa quer usar as cartas para fugir com Rick para os Estados Unidos. Mas Victor precisa das cartas para sair de lá com Ilsa para poder continuar seu trabalho de resistência contra os nazistas.

O aspecto romântico da história é evocado pela música de Herman Hupfeld, *As Time Goes By*, de 1931. Quando ela é tocada pela primeira vez no filme, percebemos o quanto o casal sentiu a falta um do outro enquanto esteve separado.

Na noite seguinte, Victor e Ilsa retornam ao bar de Rick. Victor não sabe de nada dos planos de sua esposa com Rick e os três vão para o aeroporto. Quando chegam, Ilsa espera que Rick entre com ela no avião, mas ele diz: "Vou ficar aqui."

Ilsa protesta: "Não, Richard, não. O que aconteceu com você? Ontem à noite dissemos..."

Rick responde: "Dissemos muitas coisas ontem à noite... Eu pensei muito desde então e tudo se resume em uma coisa... se esse avião sair do chão e você não estiver com ele, você irá se arrepender. Talvez não hoje, talvez não amanhã, mas logo e para o resto de sua vida."

Ilsa pega no braço de Victor, eles embarcam no avião, que decola. Eles estão a caminho da segurança.

A fala mais famosa do filme é: "Toque de novo, Sam." A expressão é muitas vezes citada, mas o que Ilsa disse na verdade foi: "Toque uma vez, Sam, pelos velhos tempos... Toque *As Time Goes By*". Sam resiste, porque Rick um dia pediu para nunca tocar essa música. Mais tarde, Rick diz a Sam: "Você sabe o que eu quero ouvir. Você tocou para ela, você pode tocar para mim. Se ela consegue suportar, eu também posso. Toque."

Rick tem algumas falas memoráveis no filme: "Este é o começo de uma bela amizade"; "Os problemas de três pessoas não são nada neste mundo louco"; e, é claro, "Um brinde a você, garota".

Rick é um símbolo do povo norte-americano. Ele saiu de uma posição de isolacionismo, como ocorreu nos Estados Unidos nos anos 30, para seu inevitável envolvimento ativo, como seu país teve de fazer quando foi atacado em Pearl Harbor. Desde então, Rick se comprometeu com as forças do destino, como todos nós.

James Bond

O melhor dos homens, ás dos espiões no jogo da intriga internacional, homem sensual e misterioso, o Sr. Bond foi o último vestígio do orgulho inglês na era pós-colonial. Houve uma época em que o Sol nunca se punha no Império Britânico, mas hoje em dia até os escoceses estão falando em independência. É assim no mundo moderno. Aqueles que se incomodam com a perda do Império podem se refugiar na memória, na fantasia, na cocaína, no xerez, mas nós sugerimos Bond. Ele é capaz de nos dar uma injeção de ânimo.

A profissão de espião não é nada nova. Espiões são mencionados na Bíblia (Josué, 2). Como uma sabotadora recrutada, Dalila foi capaz de seduzir e derrotar Sansão (Juízes, 16). O romance de Kipling, *Kim* (1901), se desenvolve em torno do Grande Jogo, como a intriga internacional era chamada na época.

Cada nação reconhece o valor da "informação infiltrada" ou, melhor ainda, de alguém do outro lado que possa influenciar no planejamento. Com claras vantagens, ou abordagens mais sutis como a companhia de uma amante exótica, os espiões foram desde muito tempo agentes de guerra efetivos. O jogo da espionagem sempre foi tema de histórias emocionantes e chances são de que continuará muito bem no futuro.

James Bond, o Agente 007 de Ian Fleming, abriu dimensão completamente nova na espionagem, por acrescentar a mais alta tecnologia de nossa era moderna. A tecnologia, especialmente aquela relacionada à guerra, sempre demandou a proteção do sigilo, desde os egípcios e sua fórmula secreta para o bronze, ou os softwares encriptados do mundo atual. E a alta tecnologia também esteve a serviço da espionagem. Bond elevou essa idéia a um nível inédito.

Alguns dos diapositivos *high-tech* usados por Bond estavam bem à frente de sua época. Ele nos apresentou brinquedos tecnológicos reais, como o minissubmarino pessoal, o jet ski, o minijet, o foguete individual e o laser cirúrgico. Outras "engenhocas", de lanchas de alta velocidade ao legendário Aston Martin DB-5, ilustram o alcance dos brinquedos disponíveis aos abastados e aos militares. Seguros nas salas de cinema, apreciamos veículos caros e as façanhas e manobras de alta precisão feitas com eles.

As mulheres na espionagem têm sido tipicamente utilizadas ou para obter informações – conversa de travesseiro – ou para "neutralizar" um oponente por meio de chantagem, mas Bond mudou essa imagem e deu força ao papel das mulheres. A era de Bond, o final dos anos 50, refletia um mundo machista, ainda vítima de atitudes vitorianas. As garotas não passavam de atrações visuais. Mas, desde os primeiros filmes de Bond, as mulheres ganharam terreno para se tornar verdadeiras heroínas e importantes vilãs.

James é um homem extremamente competente, dotado de ampla variedade de habilidades. Ele pode ser um sedutor implacável, mas sempre trata as mulheres com respeito e realmente retribui a atenção que recebe delas. Bond é um amante tão capaz e sensível que consegue recrutar uma espiã inimiga para o seu lado. Ao longo dos anos, Bond foi representado pelos mais belos homens do cinema: Sean Connery, Roger Moore e Pierce Brosnan. E, por duas gerações, o padrão de excelência masculina era James em um smoking, enquanto a qualidade de um smoking era medida pelo quanto ele poderia fazer um homem parecer e sentir-se como James Bond.

A Grã-Bretanha era um país imperialista que impôs seus impulsos de dominação sobre as pessoas ao redor do mundo por quase quatro séculos. Depois da Segunda Guerra Mundial, quando a Inglaterra perdeu seu império, James Bond apareceu como eco do poder e da experiência imperialistas. Enquanto os ingleses tinham de se resignar com a perda da Índia e de outras colônias, eles encontravam conforto na criação e no desenvolvimento do Sr. Bond. James Bond é mais do que a simples incorporação de uma nova forma de espionagem; ele é o melhor das tradições, junto com as mais recentes tecnologias e sensibilidades.

Tivemos a chance de apreciar mais de 20 filmes de Bond. Além disso, há muitos outros filmes derivados, como *Flint, perigo supremo*; *Thomas Crown, a arte do crime*; *Austin Powers, um agente nada discreto*; e *O alfaiate do Panamá*, para mencionar só alguns exemplos.

Na televisão ele gerou *Missão impossível*; *Esquadrão Classe A*; *I Spy*; *O Agente UNCLE*; *James West*; *Os vingadores*; *Agente 86*; *As Panteras*; e *O prisioneiro*, no qual Patrick McGoohan era um espião, chamado somente pelo seu número, 6.

James Bond é muito mais do que um número. Ele é o indicador cultural do mundo civilizado.

Hal 9000 (2001: Uma Odisséia no Espaço)

No campus da Carnegie Mellon University,[3] um conceito emergiu no começo do século XXI: O Salão da Fama dos Robôs. Entre seus primeiros membros exclusivos estava HAL 9000, o personagem fundamental do filme extremamente inovador de Stanley Kubrick, de 1968 – *2001: Uma Odisséia no Espaço.*

HAL 9000, o primeiro robô sério conhecido do grande público, foi também o primeiro a obter o status de estrela. Ele estava 25 anos à frente de seu tempo: era uma máquina de visão e simuladores de voz. Ele pode aprender. Ele pode falar. Ele pode até cantar. E atualmente ele é o robô com maior pontuação na lista de 2003 do American Film Institute como um dos 50 Maiores Vilões em cem anos de cinema. É isso mesmo: na lista dos 50 maiores *vilões*. HAL, o computador Algoritmico Heuristicamente Programado, assassinou quatro astronautas em uma missão crucial a Júpiter.

---

[3] *Nota da Tradutora*: Universidade formada em 1967 pela união do Carnegie Institute of Technology e do Mellon Institute of Industrial Research. A instituição é reconhecida por seu trabalho em ciência e engenharia da computação, sistemas de informações e lógica, entre outras áreas.

Desde o início dos tempos, a humanidade tem procurado maneiras de fazer as coisas de forma mais fácil. No começo, tínhamos ferramentas simples: martelo, faca, alavanca. Em seguida, o moinho de vento, o surgimento da indústria e o motor a vapor. E, quase um século antes de qualquer computador prático, tivemos a idéia de homens mecânicos que poderiam fazer o trabalho por nós, mas, infelizmente, que também tomariam nossos empregos e nos exterminariam. O conceito de que uma raça de andróides decidiria assassinar toda a humanidade vem da peça de Karel Capek, *RUR: Robôs Universais de Rossum*, de 1923. Os robôs (palavra tcheca para "trabalhador") são produzidos em massa aos milhões. Eles assumem todas as funções (que conveniente...) e, então, dominam o mundo.

Nos tempos modernos, robôs fictícios incluem Robbie, da série de televisão dos anos 60, *Perdidos no Espaço*; Data, de *Jornada nas Estrelas*, e o famoso Exterminador, interpretado por Arnold Schwarzenegger.

HAL 9000 é a estrela de *2001: Uma Odisséia no Espaço*. Ele é o computador central de uma nave espacial que está em importante jornada da Terra para Júpiter. A tripulação consiste em dois homens que ficam acordados durante a longa viagem, três astronautas em hibernação e HAL, o sexto membro da equipe. A nave é seu corpo e ele é o cérebro e o sistema nervoso central. Dos três astronautas despertos, somente HAL conhece a real missão da nave, que é investigar alguma coisa que está orbitando ao redor de Júpiter. Essa "alguma coisa" é o objeto que acompanha um monolito alienígena descoberto na Lua. Seria hostil? É necessário ir lá para descobrir. Para evitar pânico mundial, quase ninguém tem conhecimento do dispositivo alienígena para o qual a tripulação está se dirigindo. Nem mesmo os astronautas.

HAL se desequilibra pelo conflito entre segredo e verdade, e tem 150 milhões de quilômetros para refletir sobre o assunto. Aos poucos, sem perceber, ele começa a enlouquecer. Ele pergunta aos astronautas, em sua voz educada e fria, se eles estão tendo alguma dúvida sobre a missão, se eles ouviram boatos sobre algum tipo de objeto enterrado na Lua. Eles pensam que as perguntas de HAL fazem parte de um teste psicológico de rotina, mas não se trata de teste. HAL prevê incorretamente que um componente de rádio irá falhar e, de repente, os astronautas começam a se perguntar como poderão lidar com o computador em seu estado de pane.

Mas HAL sabe exatamente o que os humanos estão planejando fazer. Eles vão tentar desativá-lo, justamente quando a missão se aproxima de seu estágio crítico. E ele não pode permitir isso. Ele se torna o primeiro computador a se humanizar. Infelizmente, as características humanas que emergem são a paranóia e a esquizofrenia. HAL agora usa seu erro como desculpa para enviar a tripulação para fora da nave. Ele usa os controles da nave para matar quatro astronautas, conseguindo aprisionar o quinto em uma das áreas serviço.

O último homem, Dave Bowman, está aturdido: o computador não obedece a seus comandos. HAL se recusa a abrir a comporta de ar e a conversa entre eles ficou famosa. Ao lidar com um equipamento defeituoso, um cientista tem quatro opções: usar um martelo, chamar a assistência técnica, desligar o suprimento de energia ou desmontá-lo. Quando consegue voltar à nave pela comporta manual, Bowman tenta a última opção. Isso sempre funciona. Pelo menos as partes que sobram não costumam estar mais quebradas do que o conjunto.

As histórias de robôs de Isaac Asimov, da mesma safra das de Clarke, se baseavam em três leis da robótica, mas sua Primeira Lei – um robô não tem permissão de ferir um ser humano – não foi incluída em HAL 9000, mesmo apesar de os cientistas na história quase sem dúvida terem lido os livros de Asimov.

2001 foi baseado no conto de 1948, *O sentinela*. Sir Arthur (e Stanley Kubrick, cujo filme transcendental deu à história sua popularidade) e HAL estimularam e inspiraram aqueles que trabalhavam com computadores, robótica e inteligência artificial. Clarke não somente antecipou a tecnologia dos dias de hoje: painéis com luzes coloridas, microondas para cozinhar e computadores para navegação. Ele criou uma lista de coisas a fazer para os próximos 50 anos.

Hoje, a região de Pittsburgh, terra da Carnegie Mellon, é um dos principais centros de robótica móvel.

A NASA está atualmente desenvolvendo um Agente Remoto computadorizado para explorações espaciais.

Desejamos toda a sorte do mundo a eles.

Você sabia?

- HAL 9000 é o vilão número 13 na lista de vilões do American Film Institute.
- O Salão da Fama de Robôs, na School of Computer Science (www.cs.cmu.edu), terá sua própria seção no centro do Carnegie Science, o Newell-Simon Hall.
- No conto *O mestre de Moxon*, de Ambrose Bierce, 1894, um computador mecânico se recusa a perder um jogo de xadrez e ataca seu oponente humano.
- O conto *Robbie*, de Isaac Asimov, foi primeiramente publicado em 1940 como *Strange Playfellows* na *Super Science Fiction*, Fictioneers, Inc.
- A voz de HAL 9000 pertencia a Douglas Rain.

13

Quadrinhos e desenhos animados

Os desenhos animados suplantam quase qualquer outra forma de contar uma história. Peter Pan é um bom exemplo. Ninguém se importa que ela tenha sido apresentada nos palcos de Londres antes de nosso avôs serem nascidos, que Mary Martin o transformou na estrela do teatro de Nova York, que versões impressas são vendidas e filmes com atores reais foram produzidos. Nada supera a versão animada de Walt Disney. O mesmo ocorre com Cinderela. O desenho animado é o claro vencedor.

Contar uma história com imagens remonta da Idade da Pedra, de forma que não é de se surpreender que as pessoas reajam a elas de forma tão intensa. Nos tempos modernos, a forma mais simples é a tira de quadrinhos, que normalmente conta uma piada em quatro quadros. Muitas tirinhas são lançadas todos os dias e nós as adoramos. As revistas em quadrinhos originalmente foram somente uma coleção estranha de tiras em uma página de jornal dobrada no meio. Hoje em dia, uma revista em quadrinhos tem talvez de 50 a 200 quadros por história, uma grande gama de cores e pode ter várias dezenas de edições para contar uma única história.

Um filme de animação usa até 100 mil imagens e pode dar a cada personagem uma movimentação realista em cores chamativas. A animação tem suas origens na Lanterna Mágica, inventada por Kircher em cerca de 1645, mas o processo moderno data de 1909 e é atribuído ao artista Winsor McCay. O primeiro desenho animado de longa-metragem exibido nos Estados Unidos foi *Branca de Neve e os sete anões*, de 1937, que marcou o início de uma longa série de filmes clássicos da Disney. Mas há outros personagens que foram mais importantes.

Mickey Mouse

Walt Disney apresentou seu mais famoso personagem em 18 de novembro de 1928, no primeiro desenho animado sincronizado e com som, *Steamboat Willie*. Mickey se tornou sucesso estrondoso, tomando o lugar do Gato Félix e, desde então, tornou-se personalidade internacional. Ele foi "o rato dos ovos de ouro" que proporcionou as bases financeiras para o império de Walt Disney, com suas animações, programas de televisão, revistas em quadrinhos e parques temáticos.

Mickey é um ícone americano tão adorado que o governo federal alterou as leis de direitos autorais para protegê-lo. Os direitos autorais da Disney para o Mickey Mouse estavam para expirar em 2003, mas o Congresso – tendo especificamente o rato em mente – estendeu o termo de proteção para 95 anos com o Ato de Extensão do Termo de Direitos Autorais.

Durante os anos 30, Mickey Mouse estrelou desenhos animados curtos e se tornou o símbolo mais charmoso do século XX – um camaradinha simpático, bem-intencionado, nascido na época da Depressão, mas que satirizava as fraquezas das pessoas e as ensinava a rir. Ele sempre tentava fazer o seu melhor e simbolizava todos os bons aspectos das pessoas. Ele não era um símbolo social nem um personagem que só dava lições de moral. Suas expressões favoritas eram "Puxa!" e "Que legal!". Ele era o símbolo da inocência, da felicidade e da alegria. Ele sempre sonhou alto e seus sonhos eram de apelo universal.

No começo, o próprio Walt fazia a voz de Mickey. Em 1946, Jimmy MacDonald assumiu a voz por 30 anos, seguido de Wayne Allbright.

Walt e seu animador-chefe, Ub Iwerks, nos deram um rato que desempenhava papéis cômicos como aviador, bombeiro, eletricista, encanador, detetive e caubói. Ao longo do caminho, Disney criou um clã completo de personagens animados, incluindo Minnie Mouse, Pateta, Pluto e Pato Donald.

Mickey Mouse deu a Disney um Oscar em 1932. Em 1935 a Liga das Nações o presenteou com uma medalha especial que reconhecia Mickey como símbolo da boa vontade universal.

O auge do sucesso de Mickey foi atingido quando ele estrelou no papel "Aprendiz de Feiticeiro" no clássico *Fantasia,* em 1940.

Durante a Segunda Guerra Mundial, Mickey Mouse serviu os Estados Unidos como a palavra-chave das forças aliadas no Dia D, em 6 de junho de 1944. E ele pode um dia ter a chance de servir o país novamente: se o número de votos cancelados que ele consegue para presidente aumentar um pouco, ele pode ser eleito. Poderia ser pior.

De 1955 a 1959, o *Clube do Mickey* foi uma série infantil de televisão muito popular. O show mostrava 12 mosqueteiros em idade escolar que cantavam, dançavam, atuavam e, em geral, nos entretinham todas as tardes, de segunda à sexta. Foi o programa infantil mais bem-sucedido de toda a história.

Mickey Mouse mudou-se para a Disneylândia em 1955 para ser o principal anfitrião do parque temático, recebendo milhões de visitantes todos os anos. Em seu primeiro show de televisão da Disneylândia, Walt disse humildemente: "Espero que nunca percamos de vista o fato de que tudo isso começou com um rato." Em 1971, Mickey ajudou a abrir o Walt Disney World Resort, incluindo o Magic Kingdom Park, na Flórida; em 1983 a Disneylândia de Tóquio foi inaugurada, seguida da Disneylândia de Paris, em 1992.

Mickey é um dos personagens mais conhecidos e amados de todos os tempos. Agradecemos Walt Disney por Mickey Mouse e por tudo que ele representa. Ele tocou os corações e mentes de quase toda criança e adulto do mundo ocidental.

Betty Boop

Na década de 1930, os irmãos Max e Dave Fleischer criaram Betty Boop, a mais memorável e divertida personagem de desenho animado jamais inventada. Como ninguém nunca ousou fazer antes, ela trouxe o jazz, as drogas e a sexualidade aos desenhos animados de sua época. Ela era a arquetípica mulher de vanguarda da época e também a mais sexy das telas de televisão. Sua assertividade desavergonhada ajudou a abrir o caminho para as atitudes mais liberais que apreciamos hoje, não somente nas revistas que exibem a beleza provocativa das mulheres, mas também na natureza sensual da MTV e a nudez no cinema, na televisão e nos palcos.

Os Fleischer Studios forneciam desenhos animados para a Paramount e sua Betty desafiou a principal figura animada da época – o Gato Félix – bem como os personagens da Disney que estavam surgindo.

Betty foi uma das primeiras personalidades de desenho animado apresentadas como ser humano e também a primeira a ser reconhecidamente feminina. Originalmente desenhada por Grim Natwick, ela tinha cintura fina, quadris largos, pernas bem formadas e gestos femininos. Ela usava um vestido curto e sem mangas e em muitos desenhos o vestido caía, deixando a garota somente em suas sensuais roupas de baixo. Definitivamente não muito infantil. Em uma história, ela usou só uma saia de grama e um colar de flores que ia de um lado para o outro e periodicamente expunha seus seios enquanto ela dançava no estilo havaiano. Suas histórias eram feitas para adultos. Coisa quente.

Betty não tinha uma persona fixa e, sempre sexy e provocativa, foi representada como a filha de um refugiado judeu, uma africana negra, uma nativa de Samoa, uma artista de circo e dezenas de outros papéis. Betty também foi vista diariamente em uma tira de jornal dominical na década de 1930. Betty foi uma personagem burrinha mas cativante que dizia coisas como: "Eu acho que as pessoas que se mudaram daqui não moram mais aqui".

Alguns de seus desenhos apresentavam na introdução um filme em preto e branco de gigantes do jazz como Duke Ellington, Cab Calloway e Louis Armstrong. Depois que eles tocavam, o filme passava para a animação, com os bonecos muitas vezes imitando a postura e os movimentos estilizados dos artistas reais.

Muitos dos desenhos se referiam a drogas. Don Redman cantava *Chant of the Weed* – ou, em português, "O cântico da erva" – e Cab Calloway cantava sobre "*kicking the gong*" – fumar ópio.

Na história intitulada *Boop-Oop-A-Doop*, Betty é uma artista de circo. Seu número é tão sensual que, depois de uma performance, o dono do circo a segue até seu trailer e tenta forçá-la a fazer amor com ele. Felizmente, Koko, o Palhaço, chega para resgatá-la. Então ele sussurra alguma coisa em seu ouvido e ela responde: “Não! Ele não conseguiu tirar minha boop-oop-a-doop!”

Betty muitas vezes usava ou cantava a expressão ambígua “boop-oop-a-doop”. Era a marca registrada de sua abordagem virginal mas sensual em relação à vida.

E eis que, em 1935, o Congresso aprovou a Lei Hays para limpar a mídia de toda e qualquer conotação sexual, e Betty Boop se transformou em uma variedade de personagens não-provocativos e assexuados. Seu vestido, agora bem abaixo dos joelhos, ganhou uma gola alta e mangas longas. A carreira de Betty poderia ter terminado com seu último desenho animado em 1939, mas ela persistiu em uma longa série de transmissões na televisão infantil na década de 1950, estendendo sua vida útil em cerca de 30 anos. Em 1988, ela apareceu em *Uma cilada para Roger Rabbit.*

Betty foi pioneira na animação, bem como nos direitos das mulheres, e apresentou os músicos negros de jazz a um público amplo.

Aqueles que se sentem atraídos pela abordagem de Branca de Neve à vida, por favor entrem na fila à esquerda e aguardem a próxima aparição do Príncipe Encantado. Para todos os outros, unam-se a nós na fila da direita e “boop-oop-a-doop”!

Super-homem

O Super-homem apareceu em junho de 1938, nos perigosos dias que precederam o início da Segunda Guerra Mundial. Sessenta e cinco anos mais tarde, a revista *People* o honrou como um dos principais ícones do século XX.

Seus criadores, Jerry Siegel e Joe Shuster – dois garotos de Cleveland – imaginaram o personagem em uma noite quente de 1932. Eles combinaram todos os homens durões que conheciam em um só personagem, fizeram dele resistente a balas e capaz de pular grandes alturas. Um homem de ação, em sua primeira aparição ele quebra portas da mansão do governador para obter perdão para uma mulher inocente condenada à execução.

Eles tiveram dificuldades em vender seu trabalho e, seis anos mais tarde, Siegel e Shuster receberam apenas $130 pela venda dos direitos do Super-homem. Não fique com pena deles. Os tempos eram difíceis – o desemprego atingia cerca de 25% nos Estados Unidos – e esses dois garotos tiveram sorte de tornar-se funcionários do National Periodicals.

Naquela época, os quadrinhos eram a forma mais barata e desprestigiada possível de se contar uma história, mas o Super-homem cresceu e seu sucesso criou um mercado de massa. "Revistas em quadrinhos" começaram como coleções baratas de piadas ilustradas e tinham se divido em ação, romance, crime e horror. As revistas em quadrinhos como as conhecemos hoje – histórias ilustradas de um personagem que se desenvolve – devem seu sucesso ao Super-homem. Em três anos ele tinha os quadrinhos mais vendidos nos Estados Unidos e ganhou tiras diárias em 230 jornais. Sua popularidade se espalhou no mundo todo e o Homem de Aço estrelou em vários títulos, além de uma volta ao tempo – o *Superboy*. Super-homem gerou uma corrida por super-heróis aparentados e séries derivadas com sua prima, a *Supergirl*, e seus colegas, Jimmy Olsen e Lois Lane.

O mito básico do Super-homem se apresenta logo nas primeiras páginas: o filho de um cientista criptoniano enviado à Terra por uma nave espacial logo antes de seu mundo ser destruído. Ele foi adotado por fazendeiros e logo desenvolveu grandes habilidades. Super-homem tinha todas as qualidades desejadas por qualquer garoto – força, velocidade, vulnerabilidade. A capacidade de voar, visão de raio-X e visão de calor foram acrescentadas mais tarde, bem como sua única vulnerabilidade – a criptonita, pedaços do seu planeta natal. Qualquer coisa relacionada ao lar só pode significar problema. Há a criptonita verde – que pode matar – e uma série de outras variações de cores, cada qual com seu próprio efeito.

A história do Super-homem se encaixa no padrão do herói: uma criança dos céus é salva do perigo, é criada em um ambiente humilde e prova ser grande vantagem para sua nova família. Observe que Luke Skywalker foi criado por seu tio, um fazendeiro, exatamente como o Super-homem foi criado por Martha e Jonathan Kent, também fazendeiros. Jesus salvou seus seguidores indicando um caminho para o céu; o Super-homem salva o mundo de monstros, desastres naturais e criminosos, repetidamente, várias vezes ao mês, por mais de 60 anos. Vamos combinar – realmente precisamos de muito salvamento.

Ele não se encaixa totalmente no formato do herói solitário, entretanto. Ele perde seu pai na adolescência, na maior parte das versões, mas não encontra aquele mentor importante, como Obi-Wan Kenobi, ou uma fada-madrinha. Não é de se espantar que ele precise trabalhar tanto.

Super-homem normalmente não se dá muito bem socialmente. Ele é reservado com todas as pessoas que conhece, carregando o fardo de sua identidade secreta e agenda cheia. Como Clark Kent, seu alter ego, ele perde todo o contato com seu outro lado, o verdadeiro. Ele é pacato, desajeitado e tímido. Ele tem o traquejo social de uma água-viva, como se fosse de um outro planeta. Espere aí. Ele é de outro planeta!

Ele não tem sucesso com as mulheres (mais rápido do que uma bala... é isso aí), apesar de, em várias versões mais recentes, ele namorar Lois Lane, o amor de seus anos da maturidade.

Super-homem é a incorporação de um homem que obedece às ordens, devotado à autoridade desde o início. Ele é um cara bacana, que está aqui para ajudar, um cidadão devotado desde a primeira história. Depois de vários anos em um programa de rádio, Super-homem voou para a televisão em 1951. Interpretado por George Reeves, Super-homem defendia “a verdade, a justiça e o modo de vida americano”. Mais recentemente, ele estrela vários filmes e séries de televisão, incluindo *Lois & Clark: as novas aventuras do Super-homem* e o mais recente, *Smallville*. A DC Comics normalmente tem pelo menos duas séries paralelas do Super-homem, mas, considerando também novos enredos, derivados e especiais, a conta pode chegar a mais de dez. Ele continua sendo um dos principais personagens na indústria do entretenimento. E continua forte.

Talvez você não saiba...

- O nome criptoniano de Super-homem é Kal-El e seu pai foi Jor-El.
- Super-homem foi interpretado por George Reeves e Christopher Reeve.
- Os desenhos de Super-homem feitos pelo Max Fleischer Studio (1941) são considerados a melhor animação do Super-homem e o melhor trabalho desse estúdio.
- Habilidades do Super-homem: É comum sonhar que estamos voando, mas a maioria das pessoas só consegue voar diretamente para baixo. Em seus sonhos, você consegue ver os ossos de sua mão em uma luz vermelha, uma variação inútil de visão de raio-X, e o calor dos olhos se projeta como visão bem morninha.

Para saber mais sobre Super-homem, recomendamos:

A Smithsonian Book of Comic-Book Comics, editado por Micheal Barrier, M. e Martin Williams.

The World Encyclopedia of Comics, volume 2, editado por Maurice Horn.

The Great Comic Book Heroes, de Jules Feiffer.

Comic Book Nation: The Transformation of Youth Culture in America, de Bradford W. Wright.

The Death of Superman, de Simonson, Louise, et al.

Bambi

Não costuma ser boa idéia provocar a inimizade de pessoas que estejam carregando armas. Mas você pode sair ileso disso se tiver Walt Disney do seu lado. A palavra italiana "bambino" é a origem do nome desse pequeno cervo desajeitado e encantadoramente inocente que estrela o desenho animado de 1942, *Bambi*. O personagem rapidamente se tornou importante bandeira para as sociedades de proteção aos animais. Esse cervo, sozinho, polarizou a sociedade moderna em amantes da natureza *versus* caçadores de animais. E foram os caçadores que tiveram de recuar.

No filme de Disney, Bambi é glorificado como o "Príncipe da Floresta" ao nascer. Como um jovem cervo, ele faz amizade com outros pequenos animais da floresta, especialmente com um coelho. Entretanto, esse mundo de sonhos é abalado com a chegada de caçadores, que matam a mãe de Bambi. Esse animalzinho incrivelmente magricela e desajeitado cresce muito rápido, logo descobre o amor e sobrevive aos caçadores, que são destruídos por um incêndio que eles mesmos provocaram.

Disney declarou que esse foi seu filme favorito e o público entusiasticamente concordou. Com o sucesso do filme, a natureza inteira assumiu as características de um bebê humano. Bambi no começo fala com uma voz estridente de bebê e tanto as crianças quando os adultos simpatizam com ele e apreciam os prazeres simples de seu lar na floresta.

O filme foi sucesso imediato, proporcionando uma fuga clara dos horrores da Segunda Guerra Mundial, que estava no auge de seu furor na época do lançamento. Ele permanece sendo um clássico e continua desarmando caçadores. Mesmo os típicos caçadores em suas camisas xadrez sabem que o Bambi é intocável, ou eles serão rotulados "matadores de Bambi".

A história foi publicada pela primeira vez em 1923. O livro, intitulado *Bambi*, foi escrito por Felix Salten, pseudônimo de Siegmund Salzmann, um húngaro criado em Viena. Vale notar que a maior parte da Europa já havia sido tomada pela civilização, o que provocou a extinção de todos os grandes predadores que poderiam ter ameaçado o pequeno Bambi. Sem um número apreciável de lobos e ursos, a floresta não era mais um lugar de drama e perigo, mas um refúgio para pássaros, cervos, coelhos e pessoas cansadas da vida urbana. A Europa ainda estava lutando para se recuperar da terrível devastação provocada pela Primeira Guerra Mundial e essa história pode ter tido a intenção de servir como manifesto velado contra a morte de todos os tipos.

A história chegou aos Estados Unidos em 1928, traduzida por Whittaker Chambers (veja o quadro a seguir). Em 1936, os nazistas baniram o livro, reconhecendo suas implicações antimilitares. Salten fugiu para a Suíça e morreu lá depois da guerra.

O escritor Thomas Mann apresentou a história a Walt Disney, que traduziu o conto no filme sentimental que encantou gerações de crianças. Ele estreou em Londres em 8 de agosto de 1942 e, nos Estados Unidos, cinco anos mais tarde. O filme só tem 900 palavras de diálogo e usa imagens, em vez de palavras, para desenvolver tanto a história quanto a mensagem por trás da história. Disney manteve a representação de Salten da beleza simples da natureza e da crueldade intrusiva e perturbadora dos homens. A American

Ri?eman Association e outras associações de caçadores tentaram protestar contra a representação depreciativa dos caçadores mostrada no filme, sem grande sucesso.

Bambi continua a proteger os animais selvagens – tanto presas quando predadores – do abate por caçadores humanos, deixando-os em paz para lidar com os seus próprios desafios naturais. Essa "sanitização" da natureza – "vermelho em dentes e garras", para usar a expressão de Tennyson – continua a cegar muitos de nós em relação às realidades cruéis do mundo. É tal o poder de Bambi.

A organização Disney capitalizou o sucesso de Bambi como fez com outros sucessos: eles vendem pequenos bonecos do Bambi e sua namorada, que lembram o público do apelo dos dois personagens e estendem sua influência para além do filme. Assim, Bambi entrou em muitos lares muito antes da invenção do DVD e sua influência vai muito além da oposição à caça. Não é de todo irreal sugerir que todos os movimentos vegetarianos, antivivissecção e de direitos dos animais têm sua parcela de dívida à influência de Bambi.

Talvez você não saiba...

O tradutor de Bambi foi o mesmo Whittaker Chambers, acusado no caso de espionagem Alger Hiss, trazido à tona por... Richard Nixon, mais tarde presidente dos Estados Unidos.

14

Comércio

Os gênios da publicidade da Madison Avenue são extremamente habilidosos na arte da persuasão. Algumas imagens de quão maravilhosa a vida seria com suas marcas de peixe congelado e estamos prontos para ir às compras. Na publicidade comum, é uma pessoa de verdade que aumenta as vendas, mas um porta-voz fictício tem várias vantagens. Veja, por exemplo, o Boneco da Michelin: ele pode não ser um galã, mas ele nunca assinará um contrato com outra marca. Ele não será preso em um escândalo sexual, não pedirá aumento, processará a empresa ou envelhecerá. Capitão Morgan, o pirata do rum, nunca será processado por pirataria, e Ronald McDonald nunca irá engordar, não importa quantos sanduíches coma.

Há centenas de tais vendedores incansáveis, e não conseguiríamos mencionar todos eles. Não incluímos clássicos como Tony, o Tigre. Entretanto, incluímos um, Marlboro Man da indústria do tabaco, porque ele realmente merece nossa atenção.

Este capítulo analisa os mais influentes personagens comerciais, sua história e seus efeitos. Os dois ícones deste capítulo claramente alteraram os hábitos de compra de muitas pessoas ao longo de grande período de tempo. Um deles mudou a imagem e as expectativas das mulheres em nossa sociedade; o outro matou milhares de pessoas. Não há dúvidas de que sua influência social foi enorme.

Marlboro Man

Amanhece. Uma bruma avermelhada misturada com o vapor provocado pelo calor dos corpos do gado se move lentamente no escuro. O calor das grandes criaturas naturais. Uma luz laranja aparece nas proximidades. Um homem robusto segura o fogo em sua mão, aproxima-o do rosto e o suga enquanto um brilho vermelho rompe o céu frio. Parabéns. Você acabou de conhecer o mais famoso assassino dos últimos duzentos anos: o cigarro. Bem-vindo... ao mundo de Marlboro.

A revista *Advertising Age* escolheu Marlboro Man como a imagem comercial mais poderosa do século XX e uma das principais campanhas de publicidade. Anteriormente comercializado pela indústria de tabaco Philip Morris como uma marca de cigarros chamada Mild as May, a nova imagem do Marlboro elevou suas vendas de $5 bilhões, em 1955, para $20 bilhões, em 1957, e, em 1972, ela já tinha se tornado a principal marca de cigarros nos Estados Unidos e no mundo. Em 2000, sua participação no mercado era de 35% das vendas de cigarros nos Estados Unidos, vendendo mais do que as seis outras marcas mais populares *juntas*. Winston tinha somente 5% da participação de mercado; Camel, 5%; Salem, 3%. As vendas mundiais dos cigarros Marlboro totalizaram $20 bilhões por ano, em 2003.

Nos Estados Unidos, 20% a 30% da população são fumantes, uma parcela em queda se comparada com os 40% na década de 1950. De acordo com o Center for Disease Control,[1] as mortes atribuídas ao cigarro totalizam cerca de 440 mil por ano nos Estados Unidos e mais 9 milhões de doenças graves (1995-1999). Marlboro foi responsável por, pelo menos, um terço das vendas de cigarros dos Estados Unidos durante décadas, em certos períodos atingindo até 46% do mercado. Ao final do século XXI, Marlboro Man terá incentivado a morte de milhares de americanos. Por que não milhões? Seja paciente. O câncer de pulmão leva anos para se desenvolver – 40, 50, 60 anos. Então os garotos que começaram a fumar em 1957 estão só começando a se internar nas alas de câncer dos hospitais, respirando ruidosamente.

---

[1] *Nota da Tradutora*: Órgão do governo americano cuja missão é promover a saúde e a qualidade de vida, ao prevenir e controlar doenças, ferimentos e deficiências.

O tabaco é talvez o único produto que você compra sabendo que sua utilização provocará câncer, enfisema, doenças cardíacas e derrames. A nicotina, o estimulante natural responsável pelo apelo do tabaco, é uma substância altamente viciante. De todos os fumantes de cigarro que tentam largar o vício, somente 1 em cada 40 consegue.

E por que começamos? A publicidade não somente nos informa do preço e das vantagens, mas também nos diz quais produtos fazem de nós bem-sucedidos e atraentes. No final dos anos 50, os publicitários Jack Landry e Leo Burnett tentaram várias abordagens para aumentar as vendas do Marlboro. Burnett é geralmente reconhecido pela criação do Marlboro Man como o conhecemos hoje, o caubói. E isso era exatamente o que os adolescentes queriam ser – durões, independentes e livres dos pais. Burnett queria a mais forte imagem masculina para sua campanha, que é o caubói. E assim nasceu Burnett, não para vender pacotes de viagem para o Wyoming, mas para plantar a idéia de que a marca certa de cigarros lhe daria independência e força.

Em 1987, David Millar morreu; em julho de 1992, Wayne McLaren bateu as botas; e, em outubro 1995, David McLean também se foi. Quem foram eles? Homens das propagandas de Marlboro. O Marlboro original e dois outros atores usados para o papel.

Eles morreram de enfisema e câncer de pulmão. Você tinha que perguntar?

Para saber mais sobre o Marlboro Man, recomendamos:

The Image-Makers, de William Meyers.

The Want Makers: The World of Advertising: How They Make You Buy, de Eric Clark.

Advertising Age Magazine, "The Advertising Century". McMurty, Larry. "Death of the Cowboy", *The New York Review of Books*, volume 46, 17.

Barbie

Modelo para meninas do mundo todo, a boneca mais popular do universo, Barbie, foi criada como alternativa para as bonecas que representavam bebês do começo dos anos 50. Para os padrões atuais, Barbie é um extremo ridículo, magra demais e impossivelmente bonita. Mas, meio século antes, a maioria das bonecas eram bebês gorduchos. Existiam bonecas adultas e adolescentes, mas a maioria eram estátuas ornamentais caríssimas para adultos ou desenhos de papel para recortar, feitas para crianças. Não havia meio-termo. Ruth Handler, desapontada com as bonecas com as quais sua filha tinha de brincar, contou ao marido sua idéia para uma boneca da moda com as proporções de uma mulher adulta. A boneca teria o nome de sua filha, Barbara, e seria feita de plástico. A família Handler e Harold Matson tinham uma empresa de plástico, a Mattel Creations, mas tinham dúvidas de que tal brinquedo pudesse ser produzido a preços razoáveis. Ruth insistiu e encontrou uma nova boneca alemã chamada Lilli, que se aproximava de sua idéia. E isso provou que o empreendimento poderia ser feito.

Em 1959, o brinquedo foi lançado como um produto sexy e sofisticado: a adolescente Fashion Model Barbie. Ela logo se tornou ícone comercial, uma das bonecas mais vendidas, se não *a* mais vendida, por mais de 40 anos, com cerca de *1 bilhão* produzido.

Para conseguir e manter a popularidade, a Barbie passou por várias transformações físicas, mudando de cultura para cultura. No começo era ela tão sensual quanto a Lilli alemã (que não era uma boneca para crianças, mas uma lembrança oferecida em festa de adultos). O corpo bem formado, as maçãs do rosto fundas e os lábios apertados da *haute couture* parisiense representada pela Barbie de 1959 rapidamente evoluíram para uma boneca magra, com corpo mais atlético e de menina, um rosto mais simples e o sorriso aberto de uma animadora de torcidas.

Essa boneca não tinha nada a ver com a satisfação das ambições de maternidade. Os interesses profissionais da Barbie passaram por transformações ainda mais amplas, da Barbie Malibu à Barbie Astronauta, incluindo cirurgiã, nadadora, executiva... praticamente de tudo. Não se pode dizer que ela não é ambiciosa.

Ela tem carreiras e roupas sem limite.

Especialmente roupas. Barbie originalmente surgiu com um maiô de uma peça com dez ou mais roupinhas da moda ilustradas na caixa. Você comprava a boneca e depois simplesmente *tinha de* comprar todos os acessórios, um círculo vicioso interminável conhecido por todos os pais. Cem novas roupas por ano, tudo o que uma mulher poderia desejar. Além do carro, da mansão, da casa de praia, dos óculos de sol... A menina tinha tudo.

Ela incorpora um novo tipo de ideal físico. A Barbie não é uma deusa-mãe. Ela não tem os quadris largos das grandes responsabilidades. Uma Barbie que more em um trailer com três empregos e uma dúzia de filhos não é o que você irá encontrar em qualquer loja de brinquedos. Ela ainda é uma garota. O mundo da Barbie é sobre as possibilidades ilimitadas da juventude. Os pais não são importantes: ela não os tem. Quanto a filhos, bem... se ela os teve, o caso foi abafado. A ênfase sempre foi nas roupas, na diversão, nos carros, nos amigos e namorados.

Não é à toa que Barbie tenha surgido na era dos filmes com alguma nudez e da revista *Playboy*. Os Estados Unidos estavam apreciando uma explosão de prosperidade depois de 30 anos de Depressão e guerra.

As bonecas Barbie eram vendidas por $3 em 1959 e uma Barbie antiga, de colecionador, pode facilmente atingir o valor de $500 a $5 mil hoje em dia. Poucos personagens em nossa lista são reflexo tão claro da cultura capitalista e de sua obsessão por bens materiais, juventude, beleza e magreza. Parte da importância de Barbie é que ela destila todas as aspirações americanas em um pedaço de plástico com cabelos artificiais.

Barbie tem lugar de honra reservado na Biblioteca Dwight D. Eisenhower, em Abilene, Kansas, como uma das realizações americanas durante a época em que ele foi presidente. Há um Salão da Fama de Barbie em Palo Alto, com mais de 20 mil bonecas (e perdemos as contas de quantas roupas).

Mas Barbie tem outro lado. Quase na mesma medida em que admiramos seu sucesso, ela é desprezada por ser perfeita demais, por definir metas inatingíveis, pelo sexismo irresponsável, materialismo, política egoísta e amoralidade social. Ela é proibida na Arábia Saudita. Ela foi culpada por ondas de bulimia e problemas de dieta. Ela tem sido vista como a representação da afluência intolerante, opressiva e estéril. Dizem que até existe uma Organização para a Liberação da Barbie. Um grande feito para a humanidade.

Barbie fez notícia em 2004. Ela e seu companheiro Ken anunciaram que iriam se separar. Uma mulher bem-sucedida, solteira depois de um relacionamento de 40 anos. Talvez ela não esteja tão longe do mundo real, afinal.

Talvez você não saiba...

- A Barbie Que Mora no Trailer é uma paródia. Até o momento.
- A Barbie tem pelo menos dois vídeos.
- A Barbie está na coleção do Smithsonian Institution's Legacies.
- O Ken fez uma plástica em 2006.
- As versões da Barbie incluem Malibu, Mexicana, Malasiana, Marroquina e Nigeriana.

15

Televisão

Televisão é a mídia mais íntima e privada. Recebemos os personagens de nossos programas favoritos em nossos lares toda semana. Os programas de televisão podem durar anos e conhecemos os personagens como se fossem membros de nossas próprias famílias.

Não importa se Perry Mason começou na literatura, ou que *O fantasma apaixonado*[1] foi um filme ou que Neil Simon tenha escrito *Um estranho casal* para os palcos da Broadway.[2] Uma vez que atingiram a televisão, nada mais importa – é o que lembramos.

Considere a variedade de pessoas que acolhemos em nossas salas de estar: Fred Sanford, Estelle Costanza, J.R. Ewing, Sargento Bilko, Ralph Kramden e Flipper (dissemos "pessoas"?)

Os atores da televisão são freqüentemente abordados na rua por fãs que os chamam pelo nome do personagem. Afinal, não hesitaríamos em cumprimentar um velho amigo. E confiamos neles como em amigos íntimos: nos per-

---

[1] *Nota da Tradutora*: Com título original *The Ghost and Mrs. Muir*, foi um romance de 1945, um filme baseado no livro em 1947 e uma série de televisão americana de 1968 a 1970, baseada no filme.

[2] *Nota da Tradutora*: *The Odd Couple*, famosa peça da Broadway em 1965, seguida por um filme e uma série de televisão americana. No Brasil é conhecido pelo filme *Um estranho casal*, com Jack Lemmon e Walter Matthau.

guntamos o que Ben Casey[3] faria para curar determinada doença, ou John Carter?[4] Que conselhos jurídicos Perry Mason ou Jack McCoy[5] nos dariam? Se pelo menos os profissionais em nossas vidas fossem tão rápidos, tão bons... Isso, sim, é influência.

Capitão Kirk e Sr. Spock

James T. Kirk, capitão da nave estelar *Enterprise*, é o tático militar mais brilhante do século XXIII. Ele é um líder que soluciona problemas longe de seu planeta natal, um herói de uma era dourada que nos aguarda.

Kirk é o elemento central de *Jornada nas Estrelas*, a primeira série de ficção científica séria no horário nobre da televisão. Foi a primeira vez que vimos a ficção científica como algo além de batalhas envolvendo discos voadores e aranhas gigantes de Marte. O criador de *Jornada nas Estrelas*, Gene Roddenberry, previu a expansão da cultura americana a partir do ano de 2251. A série representava o planeta Terra como uma civilização forte, pacífica e próspera que se expandiu pelo espaço sideral. A influência do programa foi tamanha que um protótipo de um ônibus espacial americano recebeu o nome da nave espacial de Kirk: *Enterprise*.

O otimismo de *Jornada nas Estrelas* foi exatamente a cura para os medos de sua época, 1967, o auge da Guerra Fria, com o fantasma da destruição mútua e do Dr. Strangelove em nossas mentes. O universo de Roddenberry foi elaborado com base em um único insight: podemos sobreviver à era nuclear? Sim, mas somente se soubermos apreciar as diferenças essenciais entre culturas e pessoas. A simples tolerância não basta. No espaço sideral, se agirmos como selvagens, acabaremos sendo tratados como selvagens.

---

[3] *Nota da Tradutora*: *Ben Casey* foi uma série de televisão (1961-1966) com Vince Edwards interpretando o personagem-título, um jovem e idealista cirurgião.

[4] *Nota da Tradutora*: Médico, personagem da série de televisão *ER: Plantão Médico*, interpretado por Noah Wyle.

[5] *Nota da Tradutora*: Promotor de justiça da série *Lei & Ordem*, interpretado por Sam Waterston desde 1994.

Jornada nas Estrelas proporcionou uma fronteira sem limites a uma população que tinha acabado de atingir as suas fronteiras. O programa e seus sucessores acompanham a história futura da Terra em uma era que se estende aproximadamente entre 2150 e 2400, na qual os valores americanos dominam boa parte da galáxia. Eles exploraram as fronteiras e mitologias ocidentais dos Estados Unidos e forneceram inspiração para programas espaciais reais.

Enquanto a série original durou somente três temporadas, de 1967 a 1969, ela gerou quatro séries derivadas e dez filmes. Por quase 40 anos, um ou outro aspecto do universo de *Jornada nas Estrelas* podia ser visto em filmes, desenhos animados e séries de televisão. Impressionante.

Décadas antes de os americanos terem começado a assumir uma identidade mais plural do que a dos protestantes brancos anglo-saxônios, a série forneceu um modelo para uma sociedade multicultural. O parceiro de Kirk nessa exploração é o Sr. Spock, um oficial metódico de sangue verde e orelhas pontudas. Spock foi o primeiro alienígena na televisão amplamente aceito como criatura séria e independente. Por natureza, tão lógico e sem emoções quanto uma enciclopédia (normalmente), Spock mostrava raro contraste com nossas crenças irracionais. O vulcano tem três funções: ele é o estrangeiro que traz uma visão de fora, o especialista em tecnologia e o amigo fiel. Spock é um personagem maravilhoso, mas é o capitão quem toma as decisões e é o estilo do capitão que proporciona o tema para o seriado.

Jornada nas Estrelas usou e modificou alguns mitos antigos em alguns episódios, mas muitas das aventuras de Kirk eram simples contos de moralismo em locais bem distantes. Rod Serling, criador do programa de televisão *Além da imaginação*, foi o pioneiro na utilização desse truque para passar pela censura dos anos 50. Jim Kirk protagonizou o primeiro beijo negro-caucasiano mostrado na televisão em uma época em que até amizades birraciais eram raras. Enquanto ainda era considerado ofensivo mostrar um negro e um branco simplesmente trabalhando juntos, Kirk comandava uma tripulação composta por diferentes raças, nacionalidades, sexos e espécies. Ele é um líder carismático e sua equipe é mais do que leal ao capitão e uns aos outros; eles são grandes amigos.

Kirk agia sob a "Primeira Diretiva" da Frota Estelar, uma doutrina de não-interferência com o desenvolvimento natural de culturas primitivas. Em um episódio, ele restaurou o equilíbrio de poder entre duas sociedades primitivas que se combatiam, enquanto naquele mesmo ano, no mundo real, os Estados Unidos estavam bem ocupados fornecendo armas sofisticadas para tribos no Camboja e no Vietnam (e, bem mais tarde, para o Afeganistão). Kirk derrotou uma raça escravizada pelo entretenimento (televisão), reformou uma sociedade formada com base no pior da experiência humana (a Alemanha nazista) e venceu um supercomputador enlouquecido.

A série teve muitos personagens memoráveis, mas Kirk e Spock se destacam como os mais influentes. A força de Kirk é a intuição, mesmo cercado de alta tecnologia, um tema recorrente em *Guerra nas Estrelas*. Com as piores armas, ele blefa e escapa. Em menor número, ele inventa um jogo tão complexo que distrai seus ferozes adversários. Suas aventuras mostravam que ainda há fronteiras, novos desafios e novas possibilidades. Ele preserva sua nave, sua tripulação e sua cultura – a cultura americana – muito tempo adiante no futuro.

Talvez você não saiba...

- As habilidades de Spock incluem grande força e telepatia. Ele já teve um pequeno urso de estimação – com caninos de 15cm.
- O nome do meio de Kirk é Tiberius.
- Kirk foi interpretado por William Shatner, que também atuou como T.J. Hooker e Denny Crane.
- Nunca fale em klingon em um aeroporto.
- O primeiro encontro de Kirk com Khan (Ricardo Montalban) foi no episódio intitulado "Space Seed".

Para saber mais sobre Jornada nas Estrelas, Capitão Kirk e Sr. Spock, recomendamos:

The Making of Star Trek, de Stephen E. Whit?eld e Gene Roddenberry.

Deep Space and Sacred Time: Star Trek in the American Mythos, de Jon Wagner e Jan Lundeen.

I am Spock, de Leonard Nimoy.

Caco, o Sapo

Caco é um sapo em busca de aceitação e é a sua jornada perpétua que o torna tão especial para todos nós. Ele teve audiência semanal de mais de 200 milhões de pessoas em mais de 100 países, uma aparição anual na Parada de Ação de Graças e protagonizou pelo menos 4 filmes.

O titereiro Jim Henson criou a estrela dos palcos e do pântano a partir de um casaco velho, em 1955. Logo o sapo estava fazendo comerciais de uma marca de café e aparecendo em um programa de televisão de Washington, D.C. chamado *Sam and Friends*, que ganhou um Emmy em 1959. Não demorou muito para Caco ser convidado para programas de variedades e entrevistas. Sua grande oportunidade surgiu uma década depois, quando ele foi incluído no elenco de *Vila Sésamo.*

De acordo com biografias oficiais, Caco nasceu em um pântano na Georgia. Ele tinha milhares de parentes e seu maior problema era ser reconhecido como indivíduo. Ele partiu para a cidade grande com um violão, uma bicicleta e a ambição de ser um sapo melhor. Logo encontrou Miss Piggy, o amor de sua vida, uma porquinha com atitude: controladora, obsessiva, temperamental e fútil ("*Moi*?"). Caco aceita suas atenções (não que ela lhe dê muita escolha) e, juntos, encontram a felicidade e realizam sua missão, qualquer que seja o objetivo do episódio, como recuperar um diamante perdido ou simplesmente fazer um show.

Ele estimulou a imaginação do público mundial por ser calmo, leal, responsável, amável e alegre. Ele é Bing Crosby, Mickey Rooney e Fred Astaire juntos em um corpo só. Um sapo para o que der e vier. Com os Muppets, alguns dos personagens mais populares da televisão, Caco foi a força coesiva, mantendo unido o elenco de personalidades e ganhando vários Prêmios Emmy – por programas e temporadas. Ele é um centro de tranqüilidade em um mundo de maluquices. Os amigos de Caco incluem um pássaro amarelo de quase dois metros de altura, um monstro azul que devora biscoitos, um rabugento que mora em uma lata de lixo e, é claro, a indomável Miss Piggy. O sapo é um exemplo maravilhoso de tolerância em uma sociedade diversa.

Caco também apresenta às crianças os problemas da identidade. Não é fácil ser um indivíduo, aceitar sua herança e encontrar um lugar no mundo para os seus próprios talentos. As crianças costumam se sentir desconfortáveis com sua individualidade e seguem as modas nas roupas e nas atitudes, qualquer coisa de lancheiras de Davy Crockett a roupas góticas e cores de gangues famosas. Em cada aparição, Caco consegue neutralizar qualquer dúvida ou problema que sua "sapidade" possa sujeitá-lo a enfrentar. Ele lida com os problemas do momento: tomar cuidado com os jacarés e evitar que pisem nele, o que não é nada fácil quando se é baixinho e comestível.

No mundo humano a criança conhecerá problemas mais sérios de intolerância racial e sexual. Caco está bem à frente. Ele está vivendo um relacionamento entre espécies.

A época da criação de Caco foi um período no qual uma pessoa que fosse gay ou lésbica, negra, pacifista, pró-comunista ou judia – qualquer coisa que não se encaixasse na "norma" do protestante branco anglo-saxão – corria o risco de ser atacada fisicamente. Apesar de Caco não sofrer abusos por sua cor no show – é sempre questão de situação e não questão racial –, ele se tornou exemplo de alguém que *poderia* ser vitimizado por sua cor ou suas crenças. O verde de Caco é normal para o pântano, mas, na sociedade humana, é a cor da doença, do mofo ou de invasores de Marte. Na sociedade humana, qualquer coisa diferente é anormal, algo a ser destruído. Caco é exemplo de perseverança em um mundo perigoso e ajuda as crianças a entenderem e sobreviverem às forças violentas da realidade.

"Não é fácil ser verde" (escrita por Joe Raposo) tornou-se o principal legado de Caco, uma frase que se tornou tão comum que pode ser encontrada como subtítulo de artigos sobre política monetária, jardinagem, alcachofras, política ambiental, brócolis, agricultura orgânica, liberalismo e vegetarianismo... qualquer coisa que seja diferente do padrão.

Em 1990, o criador Jim Henson faleceu de pneumonia, mas suas criações sobrevivem. Em 1994, Caco ganhou uma exposição permanente na coleção do Smithsonian Institution's Legacies. Somente um outro de nossos personagens (a Barbie) recebeu tal honra.

Há rumores de que a Disney comprou Caco e todo o elenco dos Muppets. Mas negócios nem sempre são fechados e nem sempre duram. Mesmo que seja verdade, não se preocupe. Eles se safaram de situações piores. Talvez o próximo filme seja *A redenção dos Muppets: fugindo da Disneylândia.*

Você sabia?

O Caco original tinha pés redondos e não era claramente um sapo. Sua primeira aparição na televisão foi em 1956.

16

Personagens brasileiros

Capitu

Traidora ou injustiçada?

Se existe uma dúvida que não dá trégua a ninguém na literatura brasileira há mais de século é o caso Capitu. Traiu ou não traiu? O marido da imperscrutável Capitu, Bentinho, ou Dom Casmurro, que dá nome ao mais conhecido e polêmico livro de Machado de Assis, lançado em 1900, desconfia – no fundo tem quase certeza – de que a mulher lhe foi infiel com Escobar. O querido amigo de infância de Bentinho pode ser o pai de Ezequiel, seu filho com Capitu.

Os leitores se dividem quanto à fidelidade da mulher "de olheiras de ressaca, de olhos de cigana oblíqua, de comportamento dissimulado" que faz o marido viver eternamente uma dúvida terrível. Nessa barafunda psicológica, qual é o papel do criador da personagem, uma das mais emblemáticas da ficção brasileira?

Ao adotar a técnica do narrador em primeira pessoa, Machado de Assis conduz o leitor a seguir a trama guiado unicamente pela subjetividade e pelo olhar de Bentinho. Não há subsídios fornecidos por outros personagens. Pelo texto, Capitu é uma adúltera. Pelo subtexto, quem saberá? Esse é o grande trunfo de Capitu. E do livro *Dom Casmurro*.

Capitu é a personificação da mulher indecifrável. Não há contra ela nenhuma evidência de adultério, embora tudo conspire para isso. Hipócrita, falsa, fingida?

Estudos revelam que a cultura oriental rezava que mulheres de "olhos de ressaca" tinham propensões adúlteras. Infere-se, então, que Machado de Assis, que tinha um amigo islâmico, colocou propositalmente as tais olheiras no semblante de sua heroína.

Sem culpa, o autor ironiza em outro de seus clássicos, *Memórias póstumas de Brás Cubas* – que forma uma trilogia com *Memorial de Aires* e *Dom Casmurro* –, que "...o problema é o leitor". Machado de Assis, fundador da Academia Brasileira de Letras, conhecida como A Casa do Bruxo, uma referência a sua alcunha de "O Bruxo das Laranjeiras", é considerado o maior escritor brasileiro.

Para glória de Capitu e desespero de Bentinho, o autor deu-se ao luxo de não assumir as conseqüências da possível traição da heroína. O problema é de Bentinho. E dos leitores. Eles que se peguem.

A eventual traição de Capitu gera até hoje inúmeras teses acadêmicas e chega mesmo a irritar muita gente. Internautas em sites de literatura perguntam se não há nada mais importante para se discutir na literatura brasileira. É. Mas as escolas continuam incentivando os alunos a analisar a trama e dar um veredicto impossível.

E os críticos literários? Mais divididos, impossível. Uns têm certeza de que Capitu pulou a cerca e de que fez do atormentado e inseguro marido um corno manso. Os mais tradicionais se juntam a Bentinho e preferem a incerteza da existência de uma Capitu fingida, a mesma que sustenta o romance de leitura fácil em 148 capítulos curtos.

Críticos mais ousados sugerem que Machado inventou Capitu para falar nas entrelinhas do casmurro, ensimesmado, cabeçudo e sorumbático Bento Santiago. Seria então o desejo carnal de Capitu pelo amigo íntimo de Bentinho o desejo reprimido do marido?

Segundo o escritor e jornalista Millôr Fernandes, se houvesse exame de DNA no século XIX Capitu não estaria em foco há 107 anos. A dúvida da paternidade seria resolvida ao revelar-se a verdadeira face de Capitu, com ou sem olheiras de ressaca. O cáustico Millôr lembra que o exame de DNA está acabando com os romances policiais e com as novelas passionais.

No universo do texto de *Dom Casmurro* não há cena ou prova de que o adultério se consumou. Se deram seus pulinhos, Capitu e Escobar, no Brasil do século XIX, conceberam, além de um filho Ezequiel, o crime perfeito.

Fale bem ou mal, mas fale de Capitu por mais outro século.

Você sabia?

- Que pela Internet são vendidas calcinhas Capitu, que fazem conjunto com camisolas vermelhas transparentes? As tanguinhas, também vermelhas e de gosto para lá de duvidoso, podem ser compradas em conjunto ou avulsas. O conjunto sai por cerca de R$ 23.
- Que há sites de votação para definir se Capitu traiu Bentinho ou não? As opiniões se dividem, mas não faltam comentários machistas.
- Que há um blog de nome Capitu, de produção de poesia pretenso-erótica, de qualidade sofrível? Quem aprecia o bom texto não deve passar por essa experiência.
- Que o escritor Manoel Carlos, autor da telenovela *Laços de família*, batizou uma personagem de Capitu? Mãe solteira, durante o dia era estudante de Psicologia e à noite se prostituía para ajudar os pais e para criar decentemente o filho. A novela girava em torno de uma livraria no Leblon, e o humilde e ingênuo pai de Capitu era um competente revisor e leitor compulsivo.
- Que a atriz Fernanda Montenegro acha que Capitu é patrimônio feminino brasileiro e que, se tivesse de representá-la, carregaria no olhar? Para Fernanda, Capitu é resultado da miscigenação brasileira. Suas olheiras de ressaca são "eróticas, quentes, gulosas e de aparente submissão. O olhar de Capitu nos pertence".
- Que Machado de Assis escreveu nove romances (*Ressurreição, A mão e a luva, Helena, Iaiá Garcia, Memórias póstumas de Brás Cubas, Quincas Borba, Dom Casmurro, Esaú e Jacó* e *Memorial de Aires*), além de contos, poesias, críticas e peças teatrais?
- Que quase todos os livros de Machado de Assis são leitura obrigatória nas escolas brasileiras? O autor é dono de um texto irrepreensível.

Chapeuzinho Vermelho

"Pela estrada afora eu vou tão sozinha..."

Chapeuzinho Vermelho é uma das fábulas infantis mais famosas do mundo. É uma das primeiras historinhas que as mães contam para as crianças, especialmente para as meninas. Não só por seu amplo trânsito na cultura oral ou escrita, mas também porque encerra uma moral atávica e universal na relação pais e filhos: "Não desobedecer à mamãe."

O Lobo Mau, a antítese de Chapeuzinho, que simboliza a pureza e a bondade, é o mal do mundo, é a ameaça e o medo com que todas as crianças (e seus pais) terão de aprender a lidar na vida. Os *lobos* estão sempre à espreita das *chapeuzinhos vermelhos* que não seguirem o bom caminho indicado pelos mais experientes.

A história pode ser interpretada como freio à rebeldia infanto-juvenil ou como advertência do tipo: "Viu só?" Enfim, Chapeuzinho Vermelho encerra uma senhora lição de moral, e quem ouve a história jamais a esquece.

Por ter estrutura narrativa simples, usar de metáforas de fácil apreensão, tanto para adultos quanto para crianças de qualquer nível de formação, eis Chapeuzinho Vermelho, um substantivo transformado em adjetivo.

Da mesma forma, o grande inimigo da menininha que ia visitar a sua bondosa avó, o Lobo Mau, adquiriu conotação negativa, a dos sentimentos cruéis dos homens. Uma alusão simbólica a qualquer das duas referências, Chapeuzinho ou Lobo, será imediatamente compreendida.

Embora atribuída aos irmãos Grimm (Jacob e Wilhelm), autores alemães conhecidos pelos contos de fadas que compilaram – e não produziram – em conjunto no século XVIII, a história de Chapeuzinho Vermelho foi criada no século XVII pelo francês Charles Perrault.

Famoso por seus contos infantis, Perrault foi contemporâneo de outro escritor não menos consagrado na literatura infanto-juvenil, Jean La Fontaine. Já ouviu falar?

Perrault é o responsável por praticamente todas as fantasias criadas na infância de quase todas as pessoas do mundo a partir de histórias infantis. São clássicos como *O pequeno polegar*, *Cinderela* (ou *A gata borralheira*), *A bela adormecida*, *O barba azul*, *O gato de botas*, *Pele de asno* e outros.

Esse universo de histórias mágicas está de tal maneira impregnado em nossa mente que não pertence mais ao autor, pertence ao mundo. É como se tivéssemos nascidos com o DNA de Chapeuzinho, de Cinderela, do Gato de Botas.

Por isso, os irmãos Grimm, que eram estudiosos da língua (filólogos) e das histórias do folclore germânico, se dedicaram a compilar histórias de encantamento, inclusive aquelas só encontradas na cultura oral, a fim de preservá-las.

A história de Chapeuzinho Vermelho tem dois finais: um feliz, outro nem tanto. Na obra de Perrault, originalmente a menina e sua avó terminam vítimas do Lobo Mau e vão parar na barriga do guloso. Alguns críticos consideram essa versão incentivadora da submissão e do conformismo.

Já os irmãos Grimm deram um jeitinho de um caçador, que casualmente passava pelo bosque onde a vovó morava sozinha, ser atraído pelos gritos de socorro de Chapeuzinho. O homem salvou a menina e abriu a pança do Lobo Mau, de onde tirou (inteirinha) a avó.

O Lobo Mau morre e Chapeuzinho aprende, a duras penas, uma lição: a de só fazer o que a mãe mandar. Para os irmãos Grimm, o bem vence o mal.

Entre as histórias assinadas pelos irmãos Grimm, que em 1810 lançaram sua primeira obra com 51 compilações, *Histórias da criança e do lar*, estão *Branca de neve*, *Cinderela*, *João e Maria*, *Rapunzel*, *O ganso de ouro*, *O alfaiate valente*, *Os músicos de Bramem* e outros.

Como a maioria dos contos infantis universais, Chapeuzinho é alvo de inúmeros estudos, principalmente os de fundo psicanalítico. E não é difícil entender por quê. Segundo especialistas, a história, embora inocente, é profunda ao mexer com todos os arquétipos – modelos, símbolos e imagens do inconsciente – infantis: o medo, a superação, a mentira, o desconhecido, o bem e o mal, a culpa e a figura da mãe protetora, entre outros.

Chapeuzinho é equivocadamente considerada um conto de fadas. Como as histórias encantadas, a narrativa não tem compromisso com o verossímil. O epílogo bolado pelos irmãos Grimm não explica por que o Lobo não mastigava suas presas antes de engoli-las. Do contrário, não haveria final feliz possível e a avó de Chapeuzinho teria virado hambúrguer.

“O que você leva nessa cestinha?”

- Chapeuzinho Vermelho era assim conhecida por ficar muito bonitinha de capa e chapeuzinho vermelho.
- A história de Chapeuzinho se presta, hoje, a muitas piadas e até a fantasias sexuais construídas sobre o lobo, a menina e a avó.
- Na cultura contemporânea, Lobo Mau virou sinônimo de um homem esperto, perigoso, sedutor, conquistador e que depois costuma abandonar as mulheres. Por sua vez, Chapeuzinho Vermelho é a mulher ingênua que se deixar levar facilmente.
- Na MPB, o compositor Carlos Lira compôs *Lobo bobo,* sucesso da bossa-nova. Na letra, o lobo se apaixona pela Chapeuzinho, que inverte os papéis, e passa a trazê-lo na coleira.
- O que a menina realmente levava na cestinha? Bolo, doces, flores ou leite Glória? O tema da história infantil serviu a um comercial muito popular nos anos 60.
- A pergunta do Lobo a Chapeuzinho é: “O que é que tu levas nessa cestinha?”
- As perguntas de Chapeuzinho ao Lobo são: ”Para que esse olhos tão grandes?”, “E um nariz tão grande?” “E uma boca tão grande?”

Dom Casmurro

A opção pela dúvida

Falar de Dom Casmurro é falar de Capitu (o que tentamos fazer anteriormente). E falar de Capitu é falar de Dom Casmurro (o que tentaremos fazer aqui). Uma personagem não existiria sem o outro porque suas qualidades e defeitos são complementares. E porque seus dramas são urdidos de tal maneira que formam apenas um: não viver o próprio desejo.

A dissimulação dela também é dele; no entanto, o medo é o maior patrimônio de Bentinho; ele abraçou o ciúme como o seu maior bem. Sem esses sentimentos, não haveria estofo para o personagem. Tudo é possível em *Dom Casmurro,* uma obra aberta. É o leitor quem decide. E assim quis o autor, Machado de Assis.

Bentinho é vítima da traição da mulher, Capitu, e do amigo, Escobar? Ou é, por si só, matéria-prima para uma análise comportamental e psicanalítica? Pois existem inúmeros Bentos por aí, homem reprimido, sexualmente malresolvido e demasiadamente amedrontado com a vida para virar a mesa e perguntar-se: qual é?

O perfil atormentado de Bentinho é perfeito para criticar a sociedade brasileira do século XIX. Como um bom cabeçudo que é, Dom Casmurro passa a vida duvidando de quem mais ama, a mulher ou o amigo de infância. E ainda se angustia com o que sente por Ezequiel (fruto do adultério entre Capitu e Escobar ou seu filho legítimo?), a quem não sabe se deve amar, embora o ame de verdade, como mostra esta passagem: "... a princípio doeu-me que Ezequiel não fosse, realmente, meu filho, que não me completasse e me continuasse."

Não foi gratuitamente que o escritor criou esse semeador de dúvidas cujo passado rima com o seu presente: ex-seminarista, nascido de uma família de idosos, superprotegido, ensimesmado, fantasioso, mimado. Enfim, Bentinho, um casmurro de marca maior.

Com esse perfil psicológico e com um discurso oscilante entre ser e parecer, Bentinho é a única testemunha de sua própria história. Se vivesse no século XXI, talvez Capitu não existisse nem *Dom Casmurro* seria considerada a obra-prima de Machado de Assis.

Não que o tempo da narrativa, o século XIX, fosse fundamental para a construção da obra, afinal estamos falando do texto daquele que é considerado o maior escritor brasileiro. Mas, quem sabe, se saísse do armário com a ajuda de terceiros (até dos leitores), Bentinho mudaria o final de Dom Casmurro? Ou seja, todos os personagens, mortos ao final da história, viveriam para contar a sua versão. E ele não se consumiria em dúvidas.

Mas, como assinalado na seção sobre Capitu, isso frustraria muitos literatos, críticos, professores e estudantes que dedicaram e dedicam bom tempo a estudar o caso Bentinho-Capitu. Montam-se tribunais em salas de aula. Essa celeuma também provoca irritação em muitos intelectuais, que consideram perda de tempo fustigar a vida da mulher das olheiras de ressaca. O escritor Antonio Cândido, por exemplo, é um dos que não duvidam que Capitu foi adúltera.

A realidade nessa ficção é que Machado de Assis, espertamente, deixou o protagonista contar o seu drama, condenando o leitor a ouvir apenas uma versão. Quase cego de ciúmes, Bentinho transferiu sua miopia em relação a seu mundo para a narrativa.

Uma das observações mais certeiras sobre essa discussão sem fim, se houve ou não traição, é a de que procurar essa verdade é procurar a verdade de Dom Casmurro. É procurar o seu verdadeiro eu, que ele não revela e que deixou como dever de casa para o leitor.

Se ainda têm paciência, façam suas ilações porque é isso mesmo que *Dom Casmurro*, o livro, pede e precisa para sobreviver por mais outro século.

Disse-me-disse

- Também tem blogueiro se assinando Dom Casmurro.
- O escritor Otto Lara Rezende disse que comparar Dom Casmurro a Otelo (de Shakespeare) é "bestialógico".
- O ácido jornalista e escritor Millôr Fernandes decretou: "Bentinho descreve Escobar de tal maneira que parece apaixonado pelo amigo. *Dom Casmurro* é um livro fraco."

Bentinho e Capitu são tão imbricados que parecem personagens xifópagos. É quase impossível separá-los; é quase impossível não ser repetitiva ao falar deles. É melhor tomar um copo d'água e encerrar por aqui.

Dona Benta

Uma avó cor-de-rosa

A *vó* que todo mundo gostaria de ter, a mais conhecida farinha de trigo do mercado ou o maior best-seller culinário brasileiro? Os dois últimos só são possíveis por causa do primeiro, até porque Dona Benta, a personagem de Monteiro Lobato, SENHORA do Sítio do Picapau Amarelo e cercanias, nasceu antes daqueles dois produtos, digamos, top de linha, cada um em seu nicho de mercado.

Se não há farinha de trigo ou um compêndio de receitas que se compare à marca "Dona Benta", avó igual a ela também não há. Dona Benta virou chancela de bom gosto, especialmente da boa mesa e de qualidade. Em vários cantos do Brasil há uma infinidade de docerias, pequenos restaurantes e ingredientes para guloseimas com o seu nome.

Além de fofa, Dona Benta é uma vovó cor-de-rosa. A definição cromática é de Zilka Salaberry (falecida aos 87 anos, em 2005), a primeira atriz a representar a personagem na série de televisão *Sítio do Picapau Amarelo*. Durante dez anos Zilka foi Dona Benta. E por muito mais tempo Dona Benta quase acaba sendo a própria Zilka. A personagem era tão carismática e querida do público que a atriz carioca se via constantemente saudada, mesmo quando já tinha passado o bastão de Benta para outra atriz, como a personificação da avó de Pedrinho e Narizinho.

Acostumada a encarnar bruxas malvadas em peças teatrais e para o Teatrinho Trol, destinado à garotada e exibido nos anos 60 pela extinta TV Tupi, Zilka ajudou a compor, no imaginário coletivo, a imagem viva de Dona Benta. Na telinha, deu um *upgrade* às ilustrações encontradas nas várias edições escritas do *Sítio do Picapau Amarelo*. "Dona Benta não tinha nada de cinzento. Era cor-de-rosa, pois vivia rodeada pelos netos, morava em uma fazenda e comia do bom e do melhor."

Geraldo Casé e Arlindo Rodrigues, responsáveis pela série televisiva inaugural, acataram a percepção de Zilka Salaberry. (A atual Dona Benta, Bete Mendes, afirmou que faz a personagem em homenagem a Zilka.) E assim fez-se a imagem de Dona Benta, rosada e apropriada de suas qualidades já conhecidas: otimista, grande contadora de histórias, sempre pronta para ensinar e de espírito apaziguador.

Pode-se dizer que Dona Benta, embora de imagem antiguinha, era uma avó moderna na postura. Ouvia o que os netos tinham a dizer, respeitava seus pontos de vista e, às vezes, entrava nas loucas aventuras da turminha do Sítio, que viajava no tempo e no espaço, no real e no imaginário. Até pó de pirlimpimpim Dona Benta experimentou. E sabia que havia uma técnica para aspirá-lo, pois uma pitada a mais poderia levar a destinos inusitados.

No início, ela pensava que as reinações dos netos eram fruto da imaginação infantil, mas acabou descobrindo um mundo novo onde tudo podia acontecer. Daí a jovialidade de Dona Benta.

A avó de Pedrinho e Narizinho, no entanto, era consciente de seu papel de educadora e de sua responsabilidade com o Sítio e seus moradores, fossem pessoas, bonecas, sabugos, caramujos ou leitões falantes. Narizinho, cujo nome era Lúcia, morava com ela por motivos não explicados na obra, e Pedrinho, primo da menina, ia sempre passar as férias lá. Muitas vezes as coisas naquele universo mágico fugiam do controle e da razão, mas o final feliz e a moral da história sempre imperavam.

Monteiro Lobato tinha na personagem Dona Benta uma intérprete dos clássicos universais, como Peter Pan, e uma espécie de professora com o talento para a explicação de fenômenos científicos na matemática, na gramática ou na física. Quem, adulto ou criança, não gostaria de participar dos serões domésticos de Dona Benta e ouvir suas histórias, ainda mais comendo os divinos bolinhos de chuva de Tia Anastácia, a quituteira do Sítio e inventora da boneca Emília e do sábio Visconde de Sabugosa?

Nada de terceira idade ou do politicamente correto. Embora moderna, Dona Benta é tratada na obra de Monteiro Lobato como uma senhora, uma vovozinha de seus 60 anos, de óculos de ouro pendurados na ponta do nariz, sempre tecendo a partir da caixinha de costura, cheia de novelos, sobre o colo.

Nos textos, Dona Benta é constantemente referida como "a velha", "a pobre senhora", revelando uma narrativa pontual e datada que reflete o estilo literário e os costumes de uma época. Com esse entendimento, em nenhum momento os adjetivos que conotam fragilidade reduzem a imagem ou fragilizam a personagem; são, antes, um tratamento respeitoso. Ela mesma se autodefine como uma "vovozinha", com achaques e limitações físicas naturais da idade. Da mesma maneira, Tia Anastácia, que chama Dona Benta de "Sinhá", evidencia a divisão de classes entre senhores e serviçais e é tratada por Monteiro Lobato como a "preta", a "boa negra".

Mas a Dona Benta que saiu da literatura para entrar na vida de todos nós parece que é exatamente o que Monteiro Lobato queria que fosse: a mais feliz das vovós, fazendo felizes todos que a cercam.

Do baú da Vó Benta

- O sobrenome de Dona Benta é Encerrabodes de Oliveira.
- Ela é uma grande conhecedora de geografia e tem o dom de ensinar.
- No Sítio do Picapau Amarelo acontecia de tudo. Até petróleo acharam nas terras de Dona Benta, que passaram a produzir 500 barris/dia. Ela, que era pobre, ganhou muito dinheiro com o ouro negro. Não por acaso, Monteiro Lobato era ardoroso defensor da nacionalização do petróleo no Brasil e participou ativamente da Campanha "O Petróleo é Nosso", que resultou na criação da Petrobras.
- O livro de receitas *Dona Benta*, revisado e atualizado, está em sua 75ª edição e já vendeu mais de 1 milhão de exemplares. Foi o primeiro livro brasileiro de receitas culinárias.

Emília (A Marquesa de Rabicó)

Eu sou a Independência ou Morte!

Quem, além dela, personificou o brado retumbante de Dom Pedro I e tomou para si as palavras de um grito de libertação que entraria para os livros de História? Só alguém que mantenha sua auto-estima acima das próprias sobrancelhas. Se o primeiro é o então príncipe herdeiro do Brasil, que em 7 de setembro de 1822 deu o Grito de Independência do Brasil, a segunda é apenas uma boneca de pano. Apenas? Isso é subestimá-la.

Um ser, capaz de definir-se assim, que é feito de um retalho de saia velha e em cujas veias correm recheios de macela – erva calmante e de cheirinho agradável, comum na flora brasileira – não pode ser menos. Essa criatura é, por si só, uma hipérbole. E o seu cérebro? Em vez de miolos, muita plantinha socada, que deve ter se transformado em massa cinzenta das boas.

Emília, que tornou-se "Marquesa de Rabicó" (mas a nobiliarquia durou só uma semana, pois ela descobriu que o título de Marquês do porco Rabicó era uma farsa) é, talvez, o símbolo maior de toda a obra literária infanto-juvenil de Monteiro Lobato. A boneca de pano, nascida da imaginação do escritor no final dos anos 20, instigava até ele próprio, pois, com seu ar atrevido e suas traquinagens, só faltava ditar para Lobato as histórias que ele viria a produzir, inclusive sobre ela, para a coleção *Sítio do Picapau Amarelo*. A obra é reconhecida como o que há de melhor do gênero na ficção nacional.

O próprio pai, Lobato, disse que "não podia com ela", que a boneca era "infernal", que se postava ao lado do teclado de sua máquina de escrever, metendo o bedelho em seu trabalho. "E aí, quem disse que eu escrevo o que penso?", tergiversava ele. Tem-se a impressão de que Emília ditava o rumo da história: "Isso é assim, isso é assado, oras!"

Exaustivamente analisada e estudada como uma das principais personalidades de nossa literatura, a secundária Emília cresceu na forma e na importância da narrativa na obra de Monteiro Lobato. Seu biógrafo? O sábio Visconde de Sabugosa. Foi ele quem provocou a resposta célebre e nada modesta da boneca ao perguntar-lhe: "Quem é você?"

Para alguns especialistas, a boneca é o alter-ego de seu criador que, por meio dela, externava suas opiniões e idéias quase sempre contrárias ao senso comum e freqüentemente questionadoras para o Brasil da época. Há teses que afirmam ter Lobato se inspirado para a construção da personagem nos ícones da literatura universal, Pinóquio e o Mágico de Oz, também bonecos falantes, e de moral às vezes duvidosa. Emília também não se fazia de rogada quando os fins justificavam os meios.

As palavras de Lobato saíam da boca de uma personagem de índole anárquica e que, digamos, por ter cabeça de macela, tagarelava sem pensar. Quando surgiu a idéia de dar-lhe o dom da fala, a turma do Sítio aventou a possibilidade de um transplante de língua de papagaio. Horrorizada com a idéia de sacrificar uma ave, Narizinho recusou o plano.

Levaram-na, então, ao médico da corte do Príncipe Escamado, o doutor Caramujo, no reino das Águas Claras, que lhe receitou uma pílula falante. Assim que foi engolida, não sem dificuldade, pois boneca não sabe engolir comprimidos, o remédio fez efeito. Foi um trololó só. Era o chamado efeito "fala recolhida", tranqüilizava o doutor. E a primeira coisa inteligível que a boneca conseguiu dizer foi: "Estou com um horroroso gosto de sapo na boca."

A conhecida "torneira de asneiras" de Emília funciona quando quer explicar algo difícil ou justificar um desejo seu. E por falar tanto e tão rápido, às vezes se refere às coisas e pessoas por aproximação fonética. Assim, o doutor Caramujo é, às vezes, o doutor "cara de coruja".

Diz-se que Monteiro Lobato batizou a boneca com o nome da esposa do educador baiano Anísio Teixeira, um dos mais respeitados nomes do país na área, com quem o escritor trocava idéias e discutia inovações no campo da Pedagogia.

Se era o alter ego de seu criador, Emília, desde que começou a habitar o imaginário coletivo de quem tem o privilégio de conhecê-la, é também o ideal de muitas crianças e adultos, leitores ou telespectadores. Nos anos 90, a televisão levou o *Sítio do Picapau Amarelo* para dentro da casa de cada um, expandindo o domínio e o fascínio da personalidade forte da boneca, de seu senso de humor aguçado e ácido e da magia do universo do Sítio do Pica-Pau Amarelo.

Emília nasceu da imagem simples de um brinquedo de roça, uma boneca de trapo, dessas compradas nos armazéns do interior, medindo no máximo 20cm. Ela ganhou olhos de retrós preto, sobrancelhas altas e arqueadas como as de uma bruxa e virou um ídolo.

Com o tempo, a imagem da boneca passou pela mão de vários ilustradores nacionais e estrangeiros, deixando de ser apenas um esboço de poucos traços, como a figura descrita por Lobato.

Os ralos fios de cabelo escuro de linha de lã deram lugar a uma cabeleira mais cheia e avermelhada e a uma boneca de pano maior e menos desbotada, quase à imagem de uma menina, como sua dona, Narizinho. Mas a boneca-menina era espevitada e, na televisão, ao ter de ser adaptada ao tamanho humano de uma criança, virou quase uma menina-boneca.

Independentemente de sua estatura, a Marquesa de Rabicó, falante como uma matraca, de língua afiada e que não levava desaforo para casa, desperta paixão por onde passa por ser, talvez, o alter ego não só do velho Lobato, mas de todos nós. Quem não gostaria de ser Emília por um dia? Deve ser uma delícia poder abrir, sem conseqüências, nossa torneira de asneiras.

Nascida para ser celebridade

- De tanto ser amada, Emília virou, nos tempos modernos, uma boneca de verdade, e pode ser comprada em qualquer loja de brinquedos ou de departamento, e também pela Internet, por cerca de R$65. Hoje, sua versão mais consumida é bastante colorida, como todas as bonecas do mercado, pesa 788g e mede 44cm.
- Quando o biógrafo Visconde de Sabugosa perguntou-lhe sua origem e idade, ela saiu-se assim: "Nasci de uma saia velha de Tia Anastácia. E nasci vazia. Fui enchida com macela e fiquei no mundo feito uma boba, de olhos parados, como qualquer boneca. Feia. Dizem que eu fui feia que nem uma bruxa. Nasci no ano três estrelinhas, na cidade de três estrelinhas, de uma família desarranjada." O Visconde quis saber por que tanto mistério, ou tantas estrelinhas. Era para esconder a idade? "Não" – explicou ela. "Isso é apenas para atrapalhar os futuros historiadores, gente muito mexeriqueira." Os jornalistas de revistas de famosos, com certeza, entenderiam o recado da boneca.
- A imagem de Emília já serviu de selo comemorativo a um evento de um dos governos militares e a um programa social do atual governo do PT: um feito para uma das mais anarquistas das personagens da literatura brasileira.

A Escrava Isaura

Não há, praticamente, nenhum adjetivo entre os mais óbvios da língua portuguesa que não tenha sido usado, repetitiva e mecanicamente no romance brasileiro água-com-açúcar mais popular do mundo. Por seus personagens carecerem de densidade e terem características tão facilmente identificáveis com o senso comum – o vilão, a heroína e o herói –, *A escrava Isaura* caiu no gosto popular desde que foi escrita, no século XIX, em 1875, em plena campanha abolicionista, por Bernardo Guimarães.

Até os dias de hoje, Isaura é o xodó do público feminino. A força da história é tamanha que a telenovela, adaptada do romance, em 1976, já foi exibida em 60 países. Certamente, na pele da atriz Lucélia Santos, que foi catapultada à fama internacional por encarnar tão bem a escrava branca sofredora, a novela *globetrotter* não irá parar de viajar. Em 2005, a atriz Bianca Rinaldi participou do *remake* da novela na TV Record, mas Isaura é Lucélia Santos na TV Globo e ponto.

A obra, originalmente publicada como folhetim, conta as desventuras de uma escrava branca, bem educada, de caráter nobre, que é submetida aos maiores sofrimentos e humilhações pelo seu feitor, Leôncio. Devasso, cruel, recém-casado por interesse com Malvina, o "proprietário" de Isaura não se conforma em não possuí-la e a manda para a senzala.

Ela não cede, e diz que ele podia ser o senhor de seu corpo, mas não de seu coração. Isaura, na realidade, reproduz a história de sua mãe, morta cruelmente por repelir o pai de Leôncio, e simboliza a virtude recompensada.

O romance se passa nos primeiros anos do reinado de Dom Pedro II, em Campos dos Goytacazes, no norte fluminense. Escrito na época em que a discussão do movimento pelo fim da escravidão fervilhava no Brasil, tinha um quê de crítica ao regime extinto com a Lei Áurea, assinada pela Princesa Isabel em 13 de maio de 1888.

Diz-se que Bernardo Guimarães foi mais fundo no caráter romântico e não no social da obra porque cultivava pudores em relação às classes mais conservadoras. Para os críticos, o livro é exageradamente romântico, idealizador e açucarado. Por isso, a narrativa de *A escrava Isaura* tem mais caráter de lenda do que de realidade, embora trate de questão real e histórica: o abolicionismo.

O rompimento dos grilhões da escrava Isaura começa quando seu pai consegue tirá-la da fazenda e a leva para Recife, onde passam a viver discretamente. Em um baile, Isaura é descoberta, mas está apaixonada e é correspondida por Álvaro, rico, de alma nobre e coração elevado. Ele aproveita a bancarrota em que termina Leôncio, compra suas dívidas e passa a ser o "dono" de sua amada escrava Isaura. No final, o cruel Leôncio, abandonado pela mulher e pobre, suicida-se.

A sanha de Isaura, que embora tivesse alma de escrava fôra educada como dama, seduz o público feminino de todo o mundo. A personagem simboliza, ao mesmo tempo, o enfrentamento às regras de uma sociedade patriarcal e consagra os mitos do amor como o centro de tudo, da pureza, da donzela, da paixão à primeira vista, da mulher virtuosa.

Ao final, o mal representado por Leôncio é extirpado e dá lugar ao bem e à virtude. No entanto, uma questão permanece: se Isaura não fosse branca, teria ela se casado com um *lord* como Álvaro? Mistério...

Isaura é o clichê de um poço de virtudes e do amor idealizado. Além do bom coração da moça, o autor a descreve com metáforas do calibre de "tez de marfim de teclado", "delicada e de uma leve palidez", "cor-de rosa desmaiada", "mármore polido", "luz do ocaso róseo", "suave reflexo no seio diáfano", "o fogo celeste da inspiração". Alguém enjoou?

Algumas línguas afiadas referem-se ao romance como uma espécie de adaptação à realidade brasileira da obra *Pamela, ou A virtude recompensada,* do precursor do romance folhetinesco, o norte-americano Samuel Richardson (1689-1710).

A Escrava Isaura deu fama e popularidade a Bernardo Guimarães, patrono da cadeira número cinco da Academia Brasileira de Letras, que escreveu ainda *O eremita de Muquém* (1864) e *O garimpeiro* (1872), cujas narrativas, por abordarem temas regionalistas, são consideradas mais verossímeis.

Mexericos da Isaura*

- *A escrava Isaura,* no gênero telenovela, é o produto mais dublado e exibido no mundo.
- Gilberto Braga e Herval Rossano (falecido em maio de 2007) foram, respectivamente, autor e diretor da telenovela na TV Globo.
- Lucélia Santos foi a primeira estrangeira a receber da China o prêmio "Águia de Ouro".
- A atriz, em companhia do ex-presidente Fernando Henrique Cardoso, foi recepcionada pelo primeiro-ministro chinês Deng Xiao Ping.
- Um dos fãs mais ardorosos de Lucélia é Fidel Castro e o filme *Luz del Fuego* é a obra da atriz preferida pelo líder cubano.
- Fidel Castro chegou a mandar suspender o racionamento de energia elétrica no horário de exibição da novela em Cuba.

*Algumas dessas informações foram tiradas do site Gilberto Braga On-line.

- Lucélia fez 19 filmes, inclusive como diretora, e 17 novelas, além de espetáculos teatrais.
- O romance foi adaptado duas vezes para o cinema nacional, em 1929 e 1949.
- Conhecida em mais de 60 países, *A escrava Isaura* assim era intitulada: *La esclava Isaura* (espanhol), *L'esclava Isaura* (catalão), *Slave Girl* (inglês), *Isaura* (francês), *La schiava Isaura* (italiano), *Die Skalavin Isaura* (alemão) e *Niewolnica Isaura* (polaco).

Gabriela

"Chega mais perto, moço bonito"

Gabriela é a adúltera assumida mais querida do Brasil. Nem o público nem os personagens que compunham o seu universo condenaram-na ao desprezo por ter "num momento de fraqueza", traído o marido, o respeitado Seu Nacib, comerciante árabe, dono do bar Vesúvio. Impossível sobrepor a moral de uma sociedade machista e hipócrita como a representada na Ilhéus da década de 1920 à força da jovem que era "a afirmação da liberdade num mundo de prisões".

Gabriela não nasceu para ter dono nem para cumprir regras. Naquele mundo tão bem retratado pela literatura vivem os coronéis (latifundiários), políticos manipuladores, jagunços, prostitutas, senhoras moralistas e mexeriqueiras e os valores da Igreja. Talvez a espontaneidade contida na personagem de Gabriela explique a paixão que a personagem de Jorge Amado desperte em quem a conhece de livro, de cinema, de música, de samba de enredo, de ouvir falar.

O romance *Gabriela, cravo e canela*, lançado em São Paulo em maio de 1958, com ilustrações de Di Cavalcanti, foi também um divisor de águas, não só pelo sucesso estrondoso (em seu primeiro ano o livro ganhou cinco prêmios), mas pela mudança ideológica e de estilo na carreira de Jorge Amado, marcando o início da segunda fase de sua obra.

No entanto, o escritor, filiado ao Partido Comunista Brasileiro (PCB) de Prestes, foi preso algumas vezes, exilado, deportado, cassado, nunca deixou de usar sua literatura como denúncia e crítica social a um Brasil de contrastes, focado especialmente no Nordeste, e na Bahia, onde nasceu e passou a maior parte de sua vida. Em 1951, antes de escrever *Gabriela*, Jorge, autor já consagrado, ganha o prêmio Stalin de literatura e viaja o mundo todo em companhia do poeta chileno Pablo Neruda e de outros intelectuais comunistas.

Antes do advento Paulo Coelho, o posto de escritor brasileiro mais traduzido e premiado no mundo era de Jorge Amado. Em quase 50 anos de existência, *Gabriela* chegou à sua 80ª edição e seguirá como uma das mais representativas criações do escritor baiano. Ele faleceu em 2001, aos 89 anos, assistido por sua mulher, a também escritora Zélia Gatai, com quem ficou casado por 56 anos.

A chegada da jovem e paupérrima retirante Gabriela a uma Ilhéus, cidade portuária ao Sul da Bahia, rica e pacata, no auge do ciclo do cacau, alterou a rotina do lugar. O bar Vesúvio, na praça principal, era o ponto de encontro dos poderosos de Ilhéus. Seu dono, Nacib, contratou Gabriela como cozinheira e logo seus dotes culinários encantaram os fregueses. Sua beleza e sensualidade quase selvagem também fascinavam todos os homens da cidade.

Sem família e sem malícia, Gabriela era mulher e moleque ao mesmo tempo. Se olhava sedutoramente para Nacib, a quem chamava de "moço bonito" ou "moço bonzinho" (por ter lhe dado trabalho e tê-la acolhido em sua casa), ia também brincar com os meninos e subir nos telhados das casas para pegar pipas.

Não sem alguma resistência, pois idealizava desposar uma donzela da sociedade local, o comerciante apaixonado por ela a pede em casamento. Contando com o respeito dos fregueses, Nacib transforma Gabriela na Senhora Saad. Assim, ela passa a se vestir, freqüentar os salões e a ter de se comportar como dama da sociedade, embora as mulheres dos coronéis a olhassem com muitas reservas.

Mas Gabriela, símbolo da impetuosidade, da luz, cor, do sexo e da alegria não se identifica com aquela vida de "rainha". Um dia, não resistindo à passagem de um bloco, pula a janela do salão onde se realizava uma cerimônia, e sai dançando com as Pastorinhas, para espanto de todos.

Por causa dessas dificuldades, a relação marido-mulher de Nacib e Gabriela vai perdendo o ardor e, num momento de fraqueza, ela o trai, apesar de amá-lo de verdade. Nacib a surpreende na cama com o coronel Tonico Bastos, seu padrinho de casamento. Tonico, humilhado, deixa a cidade e Gabriela vai embora, mas permanece rondando o Vesúvio às escondidas, com saudade do "moço bonito".

Como os documentos da esposa eram falsos, pois foram providenciados para o casamento, não foi difícil para Nacib, decepcionado e ferido, anular o casamento. Mas Gabriela lhe faz falta como seu grande amor e como a melhor cozinheira que o Vesúvio já teve. Ao final, ele a recontrata para alegria dos clientes do bar e passa a ser seu amante, com a mesma paixão de antes.

O romance mereceu duas montagens televisivas, sendo a da Rede Globo (1975) a que deu maior projeção à história de Jorge Amado. Vivida por Sonia Braga, a personagem "colou" na atriz que contracenava com Armando Bogus, na pele de Seu Nacib, e com um elenco de primeira linha. No inconsciente coletivo, Gabriela é Sonia Braga. A novela, cuja trilha sonora virou clássico da MPB, tinha como abertura *Modinha para Gabriela*, de Dorival Caymi, na voz de Gal Costa.

Gabriela foi a primeira novela brasileira exibida em Portugal que, por sete meses, em 1977, parava para assisti-la na RTP (Rádio e Televisão Portuguesa). "*Gabriela* revolucionou o nosso gosto, nossos hábitos e atitudes", atestam os portugueses.

No cinema, com direção de Bruno Barreto, a mesma Sonia Braga encarnou Gabriela, contracenando com o consagrado italiano Marcello Mastroianni. O filme, de 1983, com trilha de Tom Jobim, não foi um *blockbuster*, mas reforçou o mito Gabriela como símbolo da sensualidade da mulher brasileira.

O tempero de Gabriela

- Diz-se que Jorge Amado ajudou a inventar a Bahia. Quem lê *Gabriela* quer visitar Ilhéus; quem lê *Tieta do agreste*, outro sucesso do autor transformado em novela de televisão, que ir a Mangue Seco, praia na divisa da Bahia com Sergipe.
- Gabriela é hoje o nome do roteiro turístico oficial na cidade de Ilhéus, no sul da Bahia. É obrigatório visitar a casa onde morou Jorge Amado, hoje Centro Cultural, o prédio que sediou o bar Vesúvio, o Bataclã (o cabaré da cidade), espaço para exposições, e a Igreja de São Sebastião. Na catedral, a sociedade, principalmente as mulheres, se reunia para as missas e quermesses para fazer fuxicos.
- Jorge Amado nasceu na vizinha Itabuna, mas viveu em Ilhéus até a juventude. Filho de coronel, conheceu a riqueza e a pobreza e a sociedade cacaueira, retratada no livro e em quase toda sua obra.

- Por causa do sucesso do livro e da novela, Gabriela virou nome de bares, restaurantes e de vários estabelecimentos comerciais. Também dá nome a produtos comestíveis e a bebidas, como aguardentes e batidas.
- A letra da canção-tema de *Gabriela*, de autoria de Dorival Caymmi, descreve bem quem é Gabriela: "Quando eu vim para este mundo, eu não atinava em nada/Hoje eu sou Gabriela/Gabriela aiê, meus *camarada*/Eu nasci assim, eu cresci assim, e sou mesmo assim, vou ser sempre assim, Gabriela/Eu sou sempre igual, não desejo mal, amo natural, etcétera e tal, Gabriela/Quem me batizou, quem me *lumiou* pouco se importou, é assim que eu sou, Gabriela."

Macunaíma

Muita saúva e pouca saúde

Macunaíma, que deu nome ao livro (1928) mais famoso do escritor modernista Mário de Andrade e que virou filme com direção de Joaquim Pedro de Andrade (1969), é nosso herói sem caráter. Sem caráter, mesmo. O autor explica que esse *sem-caratismo* transcende o aspecto moral, e que inclui a cultura, a língua, o sentimento, a história.

Mário de Andrade define quem é Macunaíma. É o brasileiro: que não possui civilização própria nem consciência do tradicional, ao contrário "dos franceses ou dos mexicanos". Atual, não? O livro, em resumo, é uma antologia do folclore brasileiro entrelaçado como um cipoal por onde Macunaíma vai abrindo seu intricado caminho, repleto de representações e metáforas. O nome Macunaíma é uma fusão de *maku* (mau) e *ima* (grande). Juntos, esses significados dão, segundo críticos, um "caráter intrigante e funesto à obra". (!)

Um dos expoentes da Semana de Arte Moderna (1922), movimento divisor de águas na produção cultural brasileira e que rompeu com as amarras da criação artística clássica, *Macunaíma*, o livro, é nacionalista sem ser xenófobo. Seu conteúdo é uma rapsódia, ou seja, uma epopéia, uma composição livre, com improvisações que aproveitam características regionais e nacionais da cultura. Já *Macunaíma*, o filme, é o movimento modernista levado às telas.

Com uma narrativa fantástica e picaresca – malandra, sagaz, astuta, esperta – que reelabora temas da mitologia indígena e visões folclóricas da Amazônia e do resto do país, Macunaíma funda uma nova literatura eminentemente brasileira.

Mário de Andrade, que também assina *Memórias sentimentais de João Miramar* (1924) e *Serafim Ponte Grande* (1933), confessa que fisgou Macunaíma, herói "ainda menino", da obra do alemão Theodor Koch-Grünberg, autor de *Do Roraima ao Orenoco*. Para escrever o livro, Mário também pesquisou durante anos, em várias fontes orais e escritas, lendas e mitos indígenas.

Houve até um relato do músico e compositor Pixinguinha, que apresentou Mário de Andrade a Tia Ciata, a mais famosa "tia" baiana vinda para o Rio de Janeiro no final século XIX, em cuja casa se reuniam os grandes nomes do samba. Pixinguinha narrou a Mário uma cena de candomblé, que serviu de inspiração para uma das passagens decisivas da obra, o feitiço com que Macunaíma derrotaria o seu maior inimigo, não por acaso um capitalista asqueroso que lhe roubara seu talismã, o *muirakitã*.

Não se deve tentar entender o maior anti-herói brasileiro, mas depreendê-lo, em sua inconstância, incoerência e amoralidade, apresentadas sempre com humor e perspicácia. Transgressão é a senha. Macunaíma é uma entidade impossível de ser absolutamente desvendada, pois as palavras que o autor recolheu de inúmeras lendas e do folclore não são encontradas em dicionários.

Macunaíma, pequenino, porém o mais safado de todos os seus irmãos, passou a ser grande, o protagonista na obra de Mário de Andrade. Em seis dias, o autor escreveu o livro – inicialmente foram apenas 800 exemplares porque não havia editora –, de um jeito bem ao gosto do próprio Macunaíma, um preguiçoso assumido: deitado em uma rede, em uma chácara de Araraquara, São Paulo.

Macunaíma era tudo o que podia ser, um personagem inverossímil, que se desloca num espaço mágico, próprio de uma atmosfera fantástica. Por ser sobre-humano podia, em segundos, fugir de São Paulo para o Rio de Janeiro, chupar manga-jasmim em Pernambuco, tomar leite de vaca em Minas e se esconder no oco de um formigueiro na Ilha de Bananal, em Goiás.

Sem uma aparência definida, Macunaíma assumia identidades variadas, passando de um índio preto a um índio branco, de um pássaro ou inseto a um pato até virar uma estrela da Ursa Maior. Sabia enganar quando queria.

Safadeza era com ele mesmo, que adorava "brincar de sexo" com as coisas fêmeas que lhe cruzavam o caminho. Sarcástico, Macunaíma nasce no fundo da mata, atravessa cidades, se choca com a civilização e seus aparelhos eletrônicos numa São Paulo já industrializada, e diz que está diante de um povo que fala uma língua, o "brasileiro", e escreve outra, o "português". A observação procede.

No entender de outro modernista de peso, Oswald de Andrade, Mário de Andrade criou nossa *Odisséia* – épico universal em que são narradas várias lendas da cultura grega. Com *Macunaíma*, disse Oswald, nasceu uma "tacopada só", um herói cíclico, que só aparece de 50 em 50 anos.

Oswald de Andrade não poderia imaginar a força e a empatia que o complexo personagem sem caráter criou em seu povo, de quem virou herói, antes de ser o consagrado anti-herói das páginas de um livro que tenta explicar o Brasil chamado Macunaíma.

Macunaíma: pedra ou estrela?

- Ao final da história, Macunaíma perde seu talismã recuperado e vira estrela da constelação Ursa Maior. "Vai ser mais um brilho sem função", vaticina o autor. E ele, Macunaíma, contra-argumenta: "Eu não nasci para ser pedra."
- Macunaíma era um *outsider*, um fora-da-lei, contrapondo-se a uma sociedade organizada, tecnológica e fria.
- Ele anuncia, com seu estilo pomposo, que irá adotar como *slogan* para o Brasil: "Tudo vai num descalabro, sem comedimento, estamos corroídos pelo morbo e pelos miriápodes! Em breve, seremos novamente uma colônia da Inglaterra ou da América do Norte por isso e para a lembrança desses eternos paulistas, que são a única gente útil nesse país, e, para isso, chamamos de locomotivas, nos demos ao trabalho de metrificarmos (sic) um dístico em que se encerram os segredos de tanta desgraça. 'Pouca Saúde e Muita Saúva, os males do brasileiro'."
- O dístico é uma alusão a uma frase de Saint–Hilaire: "Ou o Brasil acaba com a saúva ou a saúva acaba com o Brasil".
- Índio, negro, branco, inseto, pato, peixe era chamado por nomes dos folclores regionais.

- Macunaíma nasceu em plena floresta amazônica. Era um preguiçoso e, de tanto aprontar, foi abandonado pela mãe no meio do mato.
- Muirakitã era o nome do valioso amuleto de Macunaíma. Será que essa palavra é verbete de algum dicionário? Procure você.
- Mário de Andrade encerra a narrativa ao revelar que foi um papagaio que lhe contou a história de Macunaíma. Com esta frase finaliza a obra: "Tem mais não."

Mula-sem-cabeça

Ou a mulher do padre

Se sairmos à procura da mula-sem-cabeça, encontraremos os preceitos da religião católica construindo a essência da figura que entrou para o folclore brasileiro, tornando-se uma das mais conhecidas e recorrentes em nossa cultura popular. Quem, criança ou não, jamais teve medo de, na escuridão do mato, trombar com esse eqüino desembestado, galopando feito bicho doido, distribuindo coice para tudo quanto é lado, lanhando e até matando suas vítimas com seus cascos afiados? Dizem que a mula é atraída por dentes e unhas. Se topar com uma, trate de deitar de bruços para que o animal não chupe suas unhas e dentes, levando de sobremesa os olhos. Cruz credo!

Conhecida também como "mulher do padre", "mula do padre", "mula preta", "cavalo sem cabeça" e "padre sem cabeça", sua lenda, de origem pouco conhecida, está presente em todo o Brasil desde os tempos coloniais, especialmente na região Centro-Oeste, embora se registre entidade semelhante em alguns países hispânicos. No México é conhecida como "Malora".

O mito tem várias versões, às vezes contraditórias, pois também se afirma que a mula sem cabeça tem cabeça e solta fogo pelas ventas. Mas uma coisa é certa: a mula era, ou é, uma mulher, que, por estar em pecado, sofreu ou sofre mais que um castigo, uma maldição. A transgressora, por ofender os dogmas da Igreja católica, desejar um padre e dele tornar-se amante, se transforma nesse monstro violento, temido e evitado por todos.

Há quem jure que a mula-sem-cabeça não é história sem pé nem cabeça, mas uma verdade consolidada em testemunhos. A criatura teria o corpo de uma mula de pêlo marrom ou preto, no qual se sobressai o desenho de uma cruz. Se a mula-sem-cabeça não tiver cabeça, conforme consta em outra versão, terá sobre o pescoço uma chama ardendo.

Seus cascos cortantes feito faca levam ferraduras de prata ou aço. O bicho tem um relincho horrendo que se ouve a distância e não é incomum a mula gemer como gente, não sem razão, já que, antes, era uma mulher. Poucas fontes indicam, no entanto, que o animal pode ser um padre adúltero, daí o nome "padre sem cabeça". Mas a presença da mulher concubina é tão forte na história que, com todo o respeito, desprezaremos o padre.

Quem quiser ver uma mula-sem-cabeça que a procure, de preferência, nas noites de quinta para sexta-feira, antes que o galo cante três vezes. A mula não se dá bem com o raiar do dia e logo se transforma em mulher, cujo corpo, pela manhã, estará cheio de arranhões e de sinais de sua violenta passagem pelas caiporas e por sete vilarejos, como prevê a maldição.

Um caçador de mulas-sem-cabeça deve rezar para que ninguém, mal ou bem-intencionado em acabar com o encanto, tenha mais ou menos sorte que ele, porque é possível trazer a mula definitivamente de volta à condição humana. São duas as formas de a besta-fera desencantar. Na primeira, alguém de muita coragem para enfrentá-la precisa arrancar-lhe o cabresto – arreio que serve para prender um animal à estrebaria – ou freio, por onde escorre a espuma de sua ira.

A outra maneira é mais simples, se é que é simples aproximar-se de uma mula-sem-cabeça: perfurar o corpo do animal com um alfinete ou objeto cortante virgem e deixar escorrer algum sangue. Não se sabe ao certo como se dá a transformação definitiva da mula-sem-cabeça em mulher com cabeça, mas, ao final do processo, a mulher aparece nua.

Parece inequívoco que o mito, como produto da doutrinação da Igreja católica, esteja diretamente vinculado à idéia de repressão, culpa, pecado e punição. A violação do princípio religioso da castidade do padre, que gera uma mula-sem-cabeça, na realidade, pune apenas as mulheres, tornando lícito o desejo masculino, mesmo vindo de um religioso. A lenda diz que vira mula-sem-cabeça a mulher que ousa olhar para um padre como se este fosse um homem comum e que com ele mantém relação amorosa.

Daí "mulher do padre" ou "mula do padre" serem um dos sinônimos de mula-sem-cabeça. Para que a amante do padre não vire mula, o religioso deverá excomungá-la, o que só reitera o caráter machista da lenda. O padre, segundo a Igreja católica, é uma criatura especial, um fiel representante de Cristo na Terra, quase uma santidade, dedicado a pregar a palavra de Deus, de Jesus e dos santos, portanto, a ameaça de virar uma espécie de "demônio" pairava sobre a cabeça e a consciência das mulheres católicas praticantes, freqüentadoras das igrejas. Elas sabiam que jamais poderiam sentir atração por padres, sob pena de – caso sucumbissem a seus desejos – virar "mula preta", "mula de padre" ou "mulher do padre".

Talvez por estar vinculada a dogmas religiosos, a mula-sem-cabeça seja manifestação clara de como as histórias fantasiosas calcadas no medo da traição e do desejo da mulher são manipuladoras da culpa sexual feminina. Será que havia mula-sem-cabeça no folclore da região da Áustria de Sigmund Freud?

Use a cabeça

- Dizem que a mula-sem-cabeça surge em povoados onde há casas ao redor de igrejas.
- É possível que ela apareça se alguém passar correndo diante de uma cruz.
- Os gemidos da besta-fera, entre um relincho e outro, parecem com choro de gente.
- No estado de Santa Catarina, região Sul, para saber se uma mulher é amante de um padre, lança-se ao fogo um ovo envolto numa fita com o nome dela. Se o ovo cozer e a fita não queimar, a mulher é séria candidata a virar mula-sem-cabeça.
- Há um clássico americano de Halloween intitulado *O cavaleiro sem cabeça*. O conto, do século XVIII, filmado recentemente, narra a lenda de um cavaleiro decapitado que volta do inferno para vingar-se e assombrar o vilarejo de Sleepy Hollow.

Odete Roitman

Mais viva do que nunca

"Não sei como vocês agüentam respirar o ar deste país."

"O Brasil é lindo só em cartão postal."

"Esse país não vai pra frente porque está sempre em crise. Aqui só se fala em crise. É um povo pequeno, uma mistura de raça que não deu certo."

"Só conheço dois ou três brasileiros que não são preguiçosos. As pessoas aqui não gostam de trabalhar. Olhe só os imigrantes! Não são preguiçosos, trabalham e acabam tendo sempre um negócio próprio."

"Detesto ter turista brasileiro em quarto de hotel vizinho ao meu. Reserve uma suíte presidencial para mim, onde eu fique perto de estrangeiros. Quero ouvir o mínimo de gente falando português no Brasil."

Essas pérolas são ou não dignas de uma Odete Roitman, a vilã mais consagrada das telenovelas brasileiras? Elas podem ser vistas e ouvidas em um dos vários vídeos do site Youtube dedicados à digníssima senhora.

As falas citadas estão em "Odete Roitman esculhamba o Brasil". Outros vídeos imperdíveis do mesmo site são os de Odete Roitman levando de Helena (Regina Duarte) umas boas bifas na cara e, claro, o da cena em que ela é morta por engano por Leila (Cássia Kiss). A assassina pensava estar atirando na amante do marido, a não menos mau-caráter Maria de Fátima (Glória Pires).

No horário da apresentação desse capítulo, o Ibope registrou que 86% dos televisores ligados estavam sintonizados na novela. Um espanto em termos de audiência!

Criada por Gilberto Braga, odiada e ao mesmo tempo amada pelo público por causa de seu carisma e suas maldades, a personagem de *Vale tudo*, exibida pela TV Globo de 1988 a 1989, encerrou o mais longo e popular suspense da história das novelas com seu assassinato indecifrável.

A pergunta "Quem matou Odete Roitman?" parou o país por meses e extrapolou os limites da novela, ganhando a categoria de jargão, utilizado até hoje para se referir a um mistério qualquer.

Vivida sobejamente por Beatriz Segall, que levou às telenovelas toda a categoria adquirida como verdadeira dama dos palcos brasileiros – ela estreou no teatro em 1950 – Odete Roitman carregava todos os esteriótipos de vilã: rica, elegante, sarcástica, empresária, com um amante-gigolô. Até seus antagonistas eram maus.

Odete Roitman foi um marco na representação da mulher na televisão. A personagem tinha a força do perfil de uma executiva um pouco masculinizada, seja na aparência, seja no caráter controlador e agressivo.

Embora assine inúmeros personagens no teatro, cinema e televisão, Beatriz Segall é quase uma vítima de sua própria personagem. Odete Roitman está onde está Beatriz, a ponto de ela dizer que um de seus maiores desafios é "enterrar Odete Roitman".

Outra frase que se ouve com freqüência como paródia do folclore em torno do mito de Elvis Presley é: "Odete Roitman não morreu." Beatriz Segall não tem mais paciência para falar sobre esse "peso" do sucesso que foi representar a malvada. Diz que adorou vivê-la, mas que "cansou". No entanto, de cima de sua experiência, a atriz afirma que "a vilã é sempre a melhor heroína".

O tema de abertura da novela, não por acaso, foi *Brasil*, de Cazuza, interpretada por Gal Costa. A letra da música critica o falso moralismo da face exposta da sociedade.

Na <u>nécessaire</u> de Odete Roitman:

- Beatriz Segall, já atriz, ganhou uma bolsa do governo da França e estudou francês e teatro em Paris, onde conheceu Mauricio, filho do pintor de origem russa Lasar Segal, com quem viria a se casar.
- Lasar Segall pintou um retrato de Beatriz, cujo nome completo é Beatriz Toledo de Segal.
- A atriz Fernanda Montenegro, na pele da vilã Bia Falcão, foi considerada a segunda Odete Roitman por sua personagem em Belíssima, telenovela exibida em 2006.
- No teatro, Beatriz Segall ganhou vários prêmios, dentre os quais o Shell e o Mambembe.
- A atriz fez quase 15 telenovelas, 10 filmes e várias peças teatrais. Sua primeira telenovela foi também megasucesso do mesmo autor de *Vale tudo*, Gilberto Braga: *Dancin Days*.

- Como Lurdes Mesquita, na novela *Água viva* (1980), também de Gilberto Braga, Beatriz Segall fez o papel de outra vilã para Odete Roitman nenhuma botar defeito.
- Bomba, bomba! Em recente entrevista, Beatriz Segall declarou que o mistério mais insolúvel de que tem notícia é: "Quem matou Celso Daniel?" O então prefeito de Santo André (SP), foi seqüestrado e assassinado em 2002 e o crime continua envolto em mistério. O caso envolve denúncias de corrupção e favorecimento de empresas que trabalhavam para a prefeitura do município paulista.

Odorico Paraguassu

Amado para sempre

"*Vamos botar de lado os entretantos e partir para os finalmente.*" Não é difícil identificar de quem é a fala. Odorico Paraguassu, o prefeito corrupto da fictícia Sucupira, tinha uma maneira muito pessoal de flexionar as palavras. Não falava propriamente o *sucupirês*, porque na cidade somente ele dizia coisas como: "*cachacistas juramentados*", "*donzelas praticantes*", "*apenasmente eu*" e outras cambalhotas lingüísticas.

Essas expressões criadas pela imaginação iluminada do autor de *O bem-amado*, Dias Gomes, usadas num contexto bem-humorado e crítico, viraram uma espécie de jargão popular. Eram (e ainda são) fartamente usadas por todos desde que a novela esteve no ar, em 1973, e enquanto durou a série do mesmo nome, de 1980 a 1984, ambas exibidas pela TV Globo.

As acrobacias gramaticais viraram grife de Odorico Paraguassu, caricatura de um político corrupto, ardiloso, manipulador, sem escrúpulos, capaz de tudo para obter o seu intento: ficar famoso e inaugurar o cemitério de sua cidade, situada no litoral baiano. *O bem-amado*, popularizada pelo texto suculento e pela atuação magistral de Paulo Gracindo, era, é e será amadíssima pelo público.

Como teatrólogo, Dias Gomes, por necessidade, migrou para a televisão, veículo em que acreditava também poder conscientizar o povo por meio do drama ou do humor. O autor escreveu em 1962 a peça *Odorico, o bem-amado ou Os mistérios do amor e da morte.* (*Roque santeiro* também nasceu de uma peça teatral do mesmo Dias Gomes).

Com a adaptação da obra para a telinha, estavam inaugurados o horário da "novela das dez" na televisão e a transmissão em cores. A trilha sonora da novela foi especialmente composta por Vinícius de Moraes e Toquinho, e algumas canções ficaram bastantes conhecidas, como *O bem-amado, Meu pai Oxalá* e *No colo da serra.*

Mas a censura não saía do pé de Dias Gomes e interferiu até na escolha da canção de abertura da novela. Também foram vetadas as palavras "coronel" e "capitão", como eram chamados, respectivamente, Odorico e o matador de aluguel, Zeca Diabo, vivido por Lima Duarte. Falas de vários capítulos tiveram de ser editadas para excluir as palavras condenadas pela censura.

Zeca Diabo volta a Sucupira a convite de Odorico porque ninguém morria na cidade, nem de morte morrida nem matada. O município contava com um competente médico, que fazia oposição ao prefeito. Não acontecia um tiroteio sequer, e nem as tentativas de suicídio do farmacêutico Libório davam certo. Assim, o cemitério continuava sem ser inaugurado e a esperança tinha um nome: o terrível Zeca Diabo – o personagem também marcou a trajetória de Lima Duarte.

Para desespero do prefeito, o assassino profissional havia feito uma promessa a Padre Cícero de abandonar a vida de pecado. Odorico pensou até em trazer um cadáver de outra cidade, mas o plano também não deu certo.

O Bem-Amado vivia sempre às turras com o povo e contava com o apoio e a "simpatia" das três Irmãs Cajazeira, moralistas e beatas, e era idolatrado por seu secretário, o tímido Dirceu Borboleta, interpretado por Emiliano Queirós. Odorico, no entanto, sofria a oposição da delegada Donana Medrado, vivida por Zilka Salaberry, e do jornalista Neco Pedreira, Jardel Mello, do jornal *A Trombeta.*

Com seu talento e ainda que sob censura, Dias Gomes conseguia sempre criticar o que acontecia no país, e em *O bem-amado* denunciou, por exemplo, as escutas telefônicas clandestinas tão comuns na época e o escândalo americano "Watergate". Uma gravação clandestina, obtida em escuta colocada no confessionário da Igreja de Sucupira, revelava a verdadeira paternidade do filho de Dirceu Borboleta.

Depois de 178 capítulos, tomado pelo ódio, Zeca Diabo rompe a promessa com Padim Ciço e, como tinha contas antigas e novas para acertar com Odorico... Enfim, o cemitério de Sucupira foi inaugurado!

A novela fez tanto sucesso que virou série de 220 episódios fechados, exibidos em cinco temporadas. Para ressuscitar Odorico, os roteiristas usaram a justificativa de que o prefeito não morrera, mas sofrera catalepsia.

Num dos episódios Odorico manda construir em Sucupira um "discoporto" para receber extraterrestres que, dizem, andavam rondando os céus da cidade. *O bem-amado* marcou época e não é só uma das mais importantes obras do gênero do país; é, por todas as razões, da crítica política ao humor, a que mais deixou saudade. *O bem-amado*, a novela e a série, fez história na televisão brasileira e coleciona valores incontestáveis para isso.

Sucupirices

- Por ter sido a primeira novela brasileira transmitida em cores, *O bem-amado* enfrentou alguns problemas técnicos de adaptação cenográfica e de figurinos. A novela também foi a primeira a ser exportada para a Europa, sendo sucesso em vários países.
- Odorico foi inspirado em um prefeito capixaba que fez da inauguração de um cemitério a sua plataforma de campanha política.
- Os personagens de Dias Gomes nessa obra tinham nomes curiosos e sugestivos, como Zeca Diabo, Nezinho do Jegue e Zelão das Asas – um sucupirense que sonhava voar.
- As cenas externas da novela foram filmadas em Guaratiba, zona Oeste do Rio de Janeiro.
- Dizia-se, na época, que o terreno que serviu de locação para o cemitério de Sucupira não encontrava comprador por acreditar-se que ali havia sido mesmo um cemitério.
- Em 1995, quando morreu o ator Paulo Gracindo, a TV Globo reprisou o episódio da série "De Sucupira a Nova York". Em 1999, ao falecer Dias Gomes, o episódio "A Ressurreição de Odorico Paraguassu" foi reapresentado.

Viúva Porcina

Despudoradamente amada

A viúva que foi sem nunca ter sido (casada com Roque Santeiro) é uma das mais queridas personagens da teledramaturgia nacional, com seu jeito escandaloso, seu comportamento vulgar e seu caráter mais ou menos. A soma desses traços a uma personalidade avassaladora da viúva e ao revelador talento de Regina Duarte para a comédia teve efeito explosivo no público brasileiro na segunda metade da década de 1980.

Porcina, sempre hiperbólica no jeito de falar, de se comportar e de se vestir, arrancava risadas do público ao mesmo tempo que era parte da crítica ao mercantilismo religioso, à exploração da fé popular, à corrupção política e ao coronelismo até hoje reinante no Brasil. Esses ingredientes da crítica social e política são recorrentes em toda a obra do criador de Porcina, o dramaturgo Dias Gomes.

A força da televisão e dos personagens de *Roque santeiro*, especialmente da viúva Porcina, chegou a mudar comportamentos na época de exibição da novela (1985 e 1986), a despeito de quase tudo na obra levar a tinta forte da caricatura. Até hoje uma mulher exageradamente vestida, beirando o mau gosto, é sinônimo de Porcina.

A "viúva" de Roque Santeiro, amante de Chico Malta, o Sinhozinho Malta, entrou para a história e criou espaço cativo na memória de quem viu e de quem não viu a novela de Dias Gomes. Porcina tem astúcia, ambição, sensualidade e rompantes de ternura que formam um *mix* quase irresistível. Seu tipo matreiro e safado seduziu Roque Santeiro, seduziu Sinhozinho Malta e todo o resto do país, inclusive a atriz que a personificou. Porcina foi mais um divisor de águas na carreira televisiva de Regina Duarte, a "Namoradinha do Brasil", como era chamada por desempenhar sempre papéis de mulheres doces e dóceis.

Regina, como aconteceu na série *Malu Mulher*, surpreendeu, pôs as manguinhas de fora e roubou a cena, mostrando que, além de "namoradinha", também podia ser a "amante do Brasil". A atriz afirma que a viúva Porcina foi a personagem mais marcante de sua consagrada carreira.

Mulher de seus 35 anos, arrumadeira de uma hospedaria em Salvador, Bahia, acostumada a receber soldados, Porcina freqüentemente se envolvia com hóspedes. Assim conheceu Roque Santeiro, um coroinha da igreja de uma cidade do interior, Asa Branca, que tinha incomum talento para fazer santos. De forma enviesada, Roque tornou-se herói defensor de Asa Branca dado como morto e a quem os moradores, e depois visitantes, começaram a atribuir milagres.

Sinhozinho Malta, o típico coronel do Nordeste, corrupto, manipulador da política local, se apaixona por Porcina, inventa sua viuvice e, em conluio com ela, começa a difundir o mito do herói morto, Roque Santeiro. Assim, com a economia de Asa Branca girando em torno do turismo religioso, Sinhozinho e Porcina precisam alimentar a crendice do povo para continuar se beneficiando do dinheiro que isso representa.

A falsa viúva é sensual e, literalmente, deixa Sinhozinho de quatro. O casal vivia uma espécie de relação sadomasoquista. Embora o obedecesse, nas horas íntimas ela costumava tratar Sinhozinho como cachorro e ele assim se comportava para obter os carinhos da amante fogosa. A viúva Porcina, que em Asa Branca morava em um palacete bancada por seu coronel, era temperamental e tinha uma ama e confidente, Mina, a quem só chamava aos berros, mesmo que estivesse a seu lado. Para protegê-la, Porcina tinha ainda o capanga Rodésio, uma espécie de segurança e guarda-costas. Nada mais atual no Brasil.

A imagem da viúva Porcina é tão forte que foi eleita por sites especializados em comportamento e cultura pop um dos ícones dos anos 80, considerada uma década rica para a cultura e perdida para a economia. Como na ficção Porcina era uma personalidade que viera de Salvador para a pequena Asa Branca, viúva de um mártir, ela seria homenageada como personagem de um filme a ser rodado na cidade. Na história dentro da história, a atriz Patrícia Pilar viveria Porcina.

A idéia de que a viúva de Roque era mesmo um símbolo (embora fabricado) dentro na história foi reforçada no capítulo final da novela, uma paródia da última cena do clássico americano *Casablanca*, de 1942. Na última cena do filme, o triângulo amoroso se junta numa despedida em pleno aeroporto da capital do Marrocos, Casablanca. Em cena estão Ingrid Bergman, Humphrey Bogart (o amante) e Paul Henreid (o marido).

Assim como Ingrid Bergman (Ilsa Laszio, no filme), Porcina também tinha de decidir se ficaria com o amante Sinhozinho Malta ou se partiria com seu quase marido Roque Santeiro, por quem sempre arrastara uma asa. Ela fica com o coronel. Roque embarca num avião e o casal acena para ele, enquanto o ex-coroinha decola deixando para trás o seu passado e a cidade de Asa Branca. Desce o pano.

Porcina é fashion

- O figurino de Porcina foi criado pelo estilista Marco Aurélio, da TV Globo. O número de roupas que a personagem vestiu em cena superou a casa de 600 peças completas.
- O estilo perua da viúva Porcina criou tendência nos anos 1985-1986, a do exagero. Tudo que a viúva usava era *over*, muito caricatural e de acordo com sua personalidade.
- As cores fortes, como vermelho e rosa, passaram a ser usadas nas ruas, bem como modelos reveladores, com fendas profundas, em tecidos que modelassem o corpo.
- Porcina usava turbantes espalhafatosos e esses adereços voltaram à moda, assim como faixas, laços e enfeites nos cabelos. Óculos escuros imensos, bijuterias extravagantes, berloques e saltos altíssimos enriqueciam o guarda-roupa da viúva e o visual da moda de rua.
- Os penteados de Porcina eram altos e cheios; a maquiagem, carregada nos olhos, nos lábios e na pele. A viúva Porcina não existiria sem pinceladas de *blush* aplicado sem parcimônia.
- Porcina se tornou referência na carreira de Regina Duarte. Ela seria representada por Betty Faria, que recusou o papel. Betty se declarou arrependida por não ter percebido em Porcina o carisma que a personagem tinha.
- A novela de Dias Gomes foi inspirada na peça *O Berço do Herói*, escrita pelo dramaturgo em 1963 e censurada pelo governo militar. Adaptada para a TV, também foi censurada em 1975 e não foi ao ar, sendo substituída às pressas por *Pecado capital*, escrita a toque de caixa por Janete Clair, casada com Dias Gomes.
- Em 1985 estréia *Roque santeiro*, mas, um tanto desiludido com a falta de liberdade de expressão, Dias Gomes assume somente os primeiros ca-

pítulos, passando o bastão para Aguinaldo Silva. Um pouco antes de a novela terminar, Dias retoma o texto em parceria com Aguinaldo.

- A novela foi a única na história da teledramaturgia a alcançar 100 pontos no Ibope.
- Uma das marcas de Porcina era falar alto e gesticular afetadamente. Ela chamava sua camareira, sem a qual nada fazia, com um grito que se tornou bordão: "Ô Miiiiiiiiiiiiiiiiiiiiiiiina!!!!!

Saci-Pererê

Quando o Saci cruza as pernas

Uma vez, um amigo ficou muito magoado comigo e me disse: "Você tem várias caras." Reagi mais magoada ainda: "Eu? Mas..." Não, não importava. Ele estava decepcionado ao descobrir que eu não era apenas uma, mas várias. Ele também era, mas nem se lembrava disso naquela hora. E quem se lembra? E, exatamente naquele momento em que ele talvez precisasse de minha melhor versão, de minha foto em meu melhor ângulo, eu parecia horrenda.

Revelou-se a face medonha, desconhecida (para ele), um nariz batatudo, um queixo de bruxa com uma verruga onde se plantava um pêlo negro (argh!). Ou por que ele não estivera tempo suficiente comigo, ou por que essa face nunca aparecera por ser desnecessário. Eu me senti, de um minuto para o outro, um saçura arguto, explico logo, embora no espelho fosse a mesma pessoa de traços menos caricaturais.

Pronto. Eu me senti um saci-pererê, um matintapereira: ora um anjinho, ora um diabinho, capaz de infernizar a vida de quem está na frente. Um duende surgido de dentro de um rodopio de vento pelo qual pode, também, desaparecer brincando de esconde-esconde. Vem cá me pegar, vem – ele é capaz de tripudiar, usando sua agilidade que, por inacreditável que seja, vem de sua esperteza e... do fato de ter uma perna só. Para as suas reinações, uma perna é melhor que duas. Isso pode dizer muito.

Já imaginou um saci acordar centopéia? Que trapalhada! Com apenas uma perna é possível saltitar para lá, para cá, com a ligeireza do pássaro no qual pode se transformar, em sua múltipla capacidade de virar o que quiser. Uma megera com queixo de bruxa e tudo? É. Você pode tentar capturá-lo jogando sobre seu corpo uma peneira, mas se não for rápido e hábil, ele arruma um jeito de escapulir; ou prendê-lo numa garrafa de vidro escuro, e ele achará uma forma de não descer, de jeito nenhum, por aquele gargalo.

Nem adianta marcar a rolha da garrafa com uma cruz. Dizem que ele tem medo de rosários e de santos, pois em determinados lugares, como na fronteira do Paraguai, onde chegou junto com os bandeirantes, o Yaci-Yaterê, como é conhecido na língua guarani, é associado com o capeta.

Em algumas regiões do rio São Francisco, a entidade tida como "saci-pererê" tem ralas penas, faz só maldades e é chamado de Romão ou Romãozinho. As escolas mais tradicionais e as mães ressabiadas nem falam em Romão ou Romãozinho, menino, no caso, endiabrado de verdade.

Mas há que ser muito esperto, quase um saci, para ser mais esperto que ele. E pulando de perna em perna, a criatura pode fazer cabriolices e muita confusão em torno de quem quiser; derrubar coisas, bagunçar a casa, divertir-se à beça com a cara das pessoas atônitas. Isso tudo sem deixar cair o seu infalível gorro vermelho.

Olhando para o saci, um dos mais conhecidos ícones do folclore brasileiro, percebemos quanto é bom e, ao mesmo tempo, dolorido, a natureza humana fazer de nós mais de uma pessoa, sem deixar de lado nossos princípios. Todos temos nosso lado saci, capaz de fazer coisas que até o Caipora, a quem lhe é atribuída a paternidade, duvida. Mas o saci não é capaz de grandes maldades. É assim: ele não faz maldades grandes, mas não há maldade pequena que ele não faça. E nós?

O saci é como o menino arteiro da classe. Aquele que de tanto provocar é quase amado pela professora. É ele que faz o milho da pipoca não estourar deixando a panela cheia de piruás no fundo, que embola os novelos de linha, esconde as tesourinhas de unha, deixa o feijão queimar no caldeirão, quebra a ponta das agulhas e faz a mosca cair na sopa. Quem diz é Tio Barnabé, um *sacizólogo* do Sítio do Picapau Amarelo, criação de Monteiro Lobato.

O saci, reza ainda a lenda, tem as mãos furadas e, com seu pito eternamente aceso (aquele cachimbinho que ele já devia ter largado de fumar há tempos), brinca de deixar passar a brasa, ou moedas, de um lado para o outro, sem se queimar, é claro.

Em grupo ou sozinho, especula-se que o saci é um bando(!). Ele é um dos mais queridos personagens brasileiros graças, principalmente, a Monteiro Lobato. O escritor transformou a figura folclórica em personagem de múltiplas facetas singelas, como vimos em sua vigorosa obra literária infantil.

Por causa de Lobato, um defensor das causas nacionais, o saci, que depois foi parar na série de televisão Sítio do Pica-Pau Amarelo, passou a ser figurinha fácil nos arredores da casa de Dona Benta (também abordada neste livro junto com a boneca Emília). O mito é um exemplo, para crianças e adultos, de como o homem pode ser bom quando acreditam que ele é totalmente mau. E o contrário.

Por não lembrar-se disso, meu amigo ficou bravo comigo naquele dia, mas já passou. Somos sacis, taperês, cererês, perê sá pereira, matimpererê, sacitriques e outros.

Como diria o Tio Barnabé: "Quando quer, o saci cruza as duas pernas."

Sinhozinho Malta

O "Coronel" Cascavel

O sacudir do punho e o ruído da grossa pulseira de ouro simbolizavam ameaça, poder e força. Uma mostra de autoritarismo. A manifestação do famoso tique nervoso de Sinhozinho Malta dava o sinal de que o homem estava zangado e aí, sai da frente porque vem coisa: asneiras, maldades e maquinações para se dar bem, sempre se aproveitando da boa-fé dos ingênuos e desprovidos. Tudo sem se dar conta de seu ridículo, tornando a personagem ainda mais crítica e engraçada.

Sinhozinho, protagonista da telenovela *Roque santeiro*, era a maior autoridade na cidade de Asa Branca e manipulava o prefeito Florindo Abelha (Ary Fontoura), o padre, a polícia e outros. O amante e provedor da espalhafatosa viúva Porcina era quem mais enriquecia com a exploração mística do falso mito do herói tombado e milagreiro Roque Santeiro.

A possível volta do ilustre defunto Roque Santeiro, interpretado por José Wilker, ameaçava os negócios e o romance de Sinhozinho com Porcina. Ela se tornou viúva sem jamais ter se casado com o herói ("a que foi sem nunca ter sido") graças à imaginação de seu amante. Sinhozinho foi vivido de forma excepcional pelo ator Lima Duarte, um mestre em criar tipos inesquecíveis.

Sinhozinho era a denúncia da exploração da religiosidade popular e dos abusos do coronelismo, uma espécie de caudilhismo – prática de natureza político-social encontrada no meio rural e que no Brasil floresceu durante a Primeira República (1889-1930). Sinhozinho era latifundiário, rico, mau-caráter, corruptor, corrupto, populista e manipulador.

O modelo do coronelismo resiste ainda hoje no Brasil e, nele, uma elite controla os meios de produção, detém o poder econômico, social e político do local. Nas cidades do interior ainda é comum os coronéis se destacarem como lideranças políticas ou de classe e, não raro, chegarem a representantes do povo nos poderes legislativos.

Além de jóias de ouro, Sinhozinho usava ternos e jaquetas, colecionando um guarda-roupa de mau gosto e caricato. Quando Porcina ficava com raiva do amante, chamava-o de "velho peruquento". Para completar o visual, o calvo Sinhozinho Malta usava uma peruca gritantemente artificial e propositalmente mal colocada. Um sinal a mais de sua vaidade e aparência decadentes.

Em 1975, ao ser censurada pela segunda vez em forma de novela pelo então ministro da Justiça Armando Falcão, *Roque santeiro* (inspirada na peça *O berço do herói*, escrita por Dias Gomes em 1963) foi acusada de concorrer para "desvirtuar os valores éticos e morais da sociedade brasileira".

Sinhozinho Malta marcou a carreira de Lima Duarte de tal forma que, apenas com um gesto que simule o balançar da pulseira, a figura hilária e toda a sua carga de denúncia da personagem surgem na lembrança do público.

Numa analogia, o barulho da pulseira de Sinhozinho lembra o temido guizo produzido pela cascavel. A serpente venenosa, encontrada em regiões secas no Brasil, é também sinônimo de pessoa traiçoeira e má. Os guizos da cascavel ficam na ponta de sua cauda.

Sem milagres:

- Além de ficar de quatro como um cachorrinho diante da amante Porcina, Sinhozinho Malta lambia a mão de sua "dona".
- Sinhozinho Malta usava um vasto bigode negro, costeletas acentuadas e chapéu de vaqueiro para compor com o terno.
- Acredite se quiser. O "velho peruquento" também fez moda. Provocou o aumento da venda de perucas masculinas nas melhores casas do ramo.
- Lima Duarte é um precursor da televisão brasileira. Antes de inaugurar a TV Tupi, trabalhou em rádio e foi dublador de personagens de desenho animado. Eram dele as vozes de Manda-chuva, Pepe Legal, Dum-dum (Tartaruga Touché) e outros.
- Recentemente, ao fazer um balanço de sua carreira como ator e diretor, Lima Duarte se disse cansado de fazer novelas e afirmou que todas são iguais.

A Turma da Mônica

Uma fonte da juventude

O criador da Turma da Mônica e de cerca de 300 personagens que hoje são conhecidos em mais de 40 países nunca teve crise de criação. Basta pensar na vasta família que tem, diz Mauricio de Sousa, nascido em São Paulo em 1935, hoje dono da Mauricio de Souza Produções Ltda.

Ele tem dez filhos e mais de dez netos e afirma que é só fechar os olhos que há muitas histórias para contar. A menina dentuça marrenta e "truculenta", que batia nos meninos com seu coelho azul de pelúcia (o Sansão, ou "Encaldido", segundo Cebolinha), é a primeira filha de Mauricio de Sousa e tem a idade do suplemento infantil *Folhinha de S. Paulo*, onde a personagem estreou.

Mônica tem hoje 44 anos, trabalha na empresa do pai e, com sua representação em história em quadrinhos (ela era muito pequena quando isso aconteceu), conquistou adultos e crianças. Os outros integrantes da Turma da Mônica, todos inspirados em familiares e conhecidos de Mauricio, também foram muito bem aceitos. Em suas aventuras, mesmo que de forma velada, o autor sempre aborda temas educativos como preconceito, meio ambiente, respeito aos idosos, cuidados com a saúde e outros.

O clã da Mônica virou o maior sucesso editorial infantil brasileiro e foi se alojando no inconsciente da meninada dos anos 60. "Turma da Mônica" passou a ser o núcleo, a principal "turma" entre as tantas que Mauricio de Sousa viria a criar.

Algumas são mais focadas em preocupações temáticas, como a do Pelezinho (futebol), da Tina (adolescentes), do Bidu (animais), da Turma da Mata (animais no reino de Leão) e, até mais recentemente, do Ronaldinho (inspirado no jogador Ronaldinho Gaúcho, que, na infância, era fã incondicional de Cebolinha). As turmas subseqüentes, mais de 12, também viraram revistinhas.

Mas a Turma da Mônica é até hoje imbatível, e com ela, em 1963, nascia um império midiático que hoje extrapola as fronteiras brasileiras com histórias em quadrinhos, produtos licenciados como alimentos, brinquedos, videogames, sites interativos, cinema, séries de televisão de cunho educativo e outros. A editora de Mauricio de Sousa hoje é a multinacional Panini, e seus desenhos integram a grade da Cartoon Network para a América Latina.

Os integrantes da Turma da Mônica são a comilona Magali (irmã da Mônica na vida real e hoje roteirista na empresa do pai), a melhor amiga na ficção; Cebolinha (menino de cabelos arrepiados e que falava errado, amigo de infância de Mauricio), Cascão (outro companheiro de infância que realmente detestava banho) e Bidu, o cachorro de Franjinha, na realidade Cuíca, o cachorrinho de Mauricio de Sousa. Bidu passou a ser a logomarca da empresa do desenhista.

Para entender a atualidade e o fascínio que a Turma da Mônica exerce sobre as gerações atuais e as mais velhas, Mauricio explica que não é difícil identificar-se com os sentimentos universais manifestados pelos personagens: ciúme, alegria, raiva, tristeza, saudade, inveja. "Isso todo mundo sente. O importante é ser positivo e passar uma mensagem de esperança."

As histórias de Mauricio e sua equipe de desenhistas e roteiristas são lineares, têm início, meio e fim e proporcionam uma espécie de lazer intelectual e prazeroso.

Defensor ferrenho do papel didático das histórias em quadrinhos, ele criou o Instituto Mauricio de Sousa, que desenvolve produtos e eventos. O desenhista afirma que se preocupa com temas contemporâneos por serem as crianças de hoje muito exigentes. Isso tem a ver com os copinhos de água da fonte da juventude da Mônica, mais de 40 anos depois.

Na busca do atual e da educação pela arte, "a mídia tem de informar e formar", Mauricio criou personagens que suscitam o tema da inclusão social, como Xaveco, filho de pais separados; Dorinha, deficiente visual; Paralaminha, que usa cadeira de rodas. Eles são tratados sem estigma, mas sua condição é importante no universo infantil.

Mauricio de Sousa é pai de mais de 300 personagens. Entre os mais recentes está o Do Contra, inspirado em seu filho temporão, de 5 anos, que gosta de tudo certinho e em seus devidos lugares. Ao que parece, o menino é politicamente corretíssimo, pois sempre manda o pai fechar a torneira enquanto escova os dentes, avisando que a água do mundo vai acabar. Isso é bem típico das tribos criadas por Mauricio de Sousa.

Troclando mais idéias...

- O site da Turma da Mônica é um dos mais procurados do país, com mais de 150 mil acessos por dia.
- Mauricio de Sousa diz que não cria histórias, mas que é "invadido por elas". "Descobri que era só olhar para os meus filhos e aí ficava fácil."
- "Eu não inventei nenhum personagem. Todos eles existem, na minha família ou fora dela."
- "Bidu é o que me dá menos trabalho, talvez porque as relações entre cachorros sejam mais previsíveis."
- Antes de ser desenhista de tiras de quadrinhos para jornais, Mauricio de Sousa foi repórter policial. Ele não gostava da profissão e acabava sempre desenhando o rosto do suspeito ou do assassino.
- Bidu foi sua primeira tira de desenho para jornal. Assim, pôde largar a editoria de polícia.
- Mônica e Cascão foram lançados como boneca e boneco, respectivamente, em 1974 e 1971.

Prólogo

É comum em livros desse tipo juntar tudo o que foi escrito em uma conclusão com as lições aprendidas ou com uma lição de moral, como se vê nas fábulas de Esopo. Houve época, é verdade, em que tínhamos a expectativa de um final desse tipo, fazendo com que nossa escrita – e nossas leituras – do livro sirva a um propósito maior do que o simples entretenimento.

Não tivemos tanta sorte. Tentamos como pudemos, mas não conseguimos identificar qualquer moral nessa busca. E realmente queríamos encontrar alguma coisa que pudesse fazer dessa compilação algo mais que simplesmente aleatória.

Por trás de cada um desses personagens há uma surpresa ou duas, mesmo em nossos ícones, nossos heróis e vilões. Todos esses personagens maravilhosos carregam seus próprios segredos e reviravoltas do destino que chocam e surpreendem. Na verdade, devemos ser muito cuidadosos ao digerir os contos, já que as obras de ficção são tão complexas quanto qualquer coisa neste mundo. O que aprendemos? Que nossos personagens favoritos são mais ricos do que imaginávamos. Que nosso mundo de fantasia faz mais do que vender livros ou filmes; ele impulsiona a tecnologia, a mudança social, a guerra e os pensamentos cotidianos que preenchem nossa vida.

Cadastre-se e receba informações sobre nossos lançamentos, novidades e promoções.

Para obter informações sobre lançamentos e novidades da Campus/Elsevier, dentro dos assuntos do seu interesse, basta cadastrar-se no nosso site. É rápido e fácil. Além do catálogo completo on-line, nosso site possui avançado sistema de buscas para consultas, por autor, título ou assunto. Você vai ter acesso às mais importantes publicações sobre Profissional Negócios, Profissional Tecnologia, Universitários, Educação/Referência e Desenvolvimento Pessoal.

Nosso site conta com módulo de segurança de última geração para suas compras.
Tudo ao seu alcance, 24 horas por dia.
Clique **www.campus.com.br** e fique sempre bem informado.

w w w . c a m p u s . c o m . b r

É rápido e fácil. Cadastre-se agora.

Outras maneiras fáceis de receber informações sobre nossos lançamentos e ficar atualizado.

- ligue grátis: **0800-265340** (2ª a 6ª feira, das 8:00 h às 18:30 h)
- preencha o cupom e envie pelos correios (o selo será pago pela editora)
- ou mande um e-mail para: **info@elsevier.com.br**

ELSEVIER

EDITORA CAMPUS

NEGÓCIO EDITORA

Alegro

Nome: ______

Escolaridade: ______ ☐ Masc ☐ Fem Nasc: __/__/__

Endereço residencial: ______

Bairro: ______ Cidade: ______ Estado: ______

CEP: ______ Tel.: ______ Fax: ______

Empresa: ______

CPF/CNPJ: ______ e-mail: ______

Costuma comprar livros através de: ☐ Livrarias ☐ Feiras e eventos ☐ Mala direta ☐ Internet

Sua área de interesse é:

☐ **UNIVERSITÁRIOS**
- ☐ Administração
- ☐ Computação
- ☐ Economia
- ☐ Comunicação
- ☐ Engenharia
- ☐ Estatística
- ☐ Física
- ☐ Turismo
- ☐ Psicologia

☐ **EDUCAÇÃO/ REFERÊNCIA**
- ☐ Idiomas
- ☐ Dicionários
- ☐ Gramáticas
- ☐ Soc. e Política
- ☐ Div. Científica

☐ **PROFISSIONAL**
- ☐ Tecnologia
- ☐ Negócios

☐ **DESENVOLVIMENTO PESSOAL**
- ☐ Educação Familiar
- ☐ Finanças Pessoais
- ☐ Qualidade de Vida
- ☐ Comportamento
- ☐ Motivação

Cartão Resposta
050120048-7/2003-DR/RJ
Elsevier Editora Ltda
CORREIOS

ELSEVIER

EDITORA CAMPUS

NEGÓCIO EDITORA

Alegro

CARTÃO RESPOSTA

Não é necessário selar

O SELO SERÁ PAGO POR
Elsevier Editora Ltda

20299-999 - Rio de Janeiro - RJ